감사의 미래

포스트 코로나 시대
혁신에 도전한 감사 이야기

감사의 미래

· 문태룡 지음 ·

한스컨텐츠

이 시대가
감사에게 원하는 것

몇 달이면 끝날 것 같았던 코로나19가 어느덧 해를 넘겨 여전히 진행 중이다. 지금의 코로나 팬데믹 상황은 세상의 얼굴을 바꾸고 우리의 평범한 일상을 앗아가며 일대 변화를 강요하고 있다.

기업의 활동도 마찬가지여서 오프라인 중심의 경제 부문은 거의 빈사 상태로 내몰리고 반대로 온라인 부문의 기업은 그 가치가 급상승하면서 오히려 커다란 도약의 시절을 맞이하였다. 공공 부문의 기업들도 이러한 영향으로부터 자유롭지 못해, 관광·문화·카지노 등 대면 접촉을 필수로 하는 서비스 공기업은 사실상 개점휴업 상태로 겨우 조직의 명맥만 유지하고 있다. 내가 속한 전력 관련 공기업의 경우 사회 유지에 필수 공공재인 전력 공급 서비스를 담당하는 까닭에 그나마 형편이 나은 편이다.

하지만 K−팝·K−드라마·K−영화 그리고 K−방역에 이르기까지 우리나라가 보여준 위기 대응 능력과 변화와 혁신의 DNA는 팬데믹 상황에서도 세계적 모범이 되는 선도적 혁신 국가로서의 위상을 확보해가고 있다. 반도체·조선·수소전기차·바이오제약 그리고 BTS로 대표되는 문화·온라인 산업 등 많은 분야에서 대한민국은 여전히 다이나믹 코리아이다.

따라서 기업이 혁신적 경영으로 위기를 기회로 전환시켜 성장을 지속하듯, 기업 내부의 감사 기능도 팬데믹에 맞서서 새롭게 혁신하고 도전하려는 자세가 절대적으로 필요하다. 그래서 이 책의 첫 장은 코로나 팬데믹에 맞서 한전KPS가 새롭게 구축한 '랜선 오디트(LAN線 Audit)'를 소개한다. 이 책이 출간될 즈음 싱가포르에서 열리는 세계감사인대회에 랜선 오디트(LAN線 Audit)라는 이름으로 K–Virtual Audit를 발표하는 기회를 갖게 된다. 독자 중 감사 업무에 종사하는 분들이라면 아마도 이 장이 가장 도움이 될 것이다.

2·3·4장은 상임감사로서 가졌던 고민과 화두 그리고 실천 과정에서 겪었던 에피소드 등을 틈틈이 써놓았다가 주제별로 묶어 정리한 것이다. 그래서 조금씩 중복되거나 겹치는 부분도 있다. 독자 여러분의 너그러운 이해를 바란다.

감사는 누구이며 감사는 무엇으로 사는가? 그리고 미래 지향적 감사란 어떤 모습일까? 등의 화두에 대한 실천적 소고이다. 내부감사는 마치 가정의학과 주치의와 같다. 항상 조직의 건강 상태를 점검하고 이상 유무를 탐지하여 리스크를 미연에 방지한다.

감사는 조직의 수호자이자 최후의 보루인 것이다.

마지막 5장 '청렴 대한민국을 향해'에서는 법과 제도적 측면에서 내부감사 제도를 고찰했다. 내가 (사)한국감사협회 회장직을 수행하면서 갖게 된 문제의식과 나름의 해결 방안을 아이디어 제기 차원에서 적어보았다. (사)한국감사협회는 민간과 공공부문이 대략 5:5의 회원 구성을 지닌 대외적으로 대한민국을 대표하는 감사 기구이며 IIA(세계내부감사인협회)의 공식 멤버이다.

우리나라는 내부감사 기능과 역할이 아직 주요 선진국에 비해 많이 뒤처져 있다. 국제공인내부감사사(CIA) 자격증 보유자 수는 1,100명 남짓으로 미국이나 중국의 5만여 명에 한참 뒤질 뿐 아니라 필리핀의 2,000여 명에도 못 미친다. 앞으로 우리 사회가 더욱 청렴해지고 기업들이 국제적으로 경쟁력을 인정받으려면 내부감사에 대해 너욱 긍정적인 태도를 갖추고 적극적으로 수용해야 할 필요성이 있다.

마지막으로 이 책이 나오기까지 지지와 격려를 보내주신 (사)한국감사협회 감사님들과 회원님들 그리고 한전KPS 임직원 여러분께 고마움을 전한다. 또한 지난 3년, 고단하기 짝이 없는 혁신의 길에 함께 동행해준 한전KPS 감사실 직원들과 집필 과정에서 조언해주고 성원해준 협회 사무처 직원들에게 각별한 감사의 인사를 드린다. 여러분이 없었다면 이 책을 쓸 용기를 내지 못했을 것이다.

바야흐로 포스트 코로나를 준비하는 이때, 보잘것없는 이 책을 읽고 이 시대가 감사에게 무엇을 원하는지, 감사가 무슨 일을 어떻게 해야 하는지 작은 단서라도 찾는 사람이 있다면 나에게는 더할 나위 없는 행복일 것이다.

차례

4 감사는 어떻게 일하나?

5 청렴 대한민국을 향해

1
새로운 감사 패러다임을
선도한 랜線 Audit

팬데믹에
맞서다

전 지구적 위기

그 누구도 오늘의 모습을 예상하지 못했다. 이 원고를 마무리 중인 지금 1년 6월여 전을 돌이켜 떠올려보면 우리의 삶이 어떻게 바뀔지를 어렴풋이나마 상상한 사람은 아무도 없었다. 2019년 말, 세계적 연구 기관들이 내놓은 수많은 2020년 전망 보고서 중에 인류가 감염병으로 고초를 겪을 것이라고 내다본 내용은 단 한 구절도 찾을 수 없다. 그저 우리의 일상이 여느 때처럼 흘러갈 것이라 믿었다.

그러나 코로나19라는 감염병이 전 세계를 덮쳤다. 세계 경제와 산업, 국가 간 교류가 심각하게 경직되었으며, 사람이 만나고 모이는 일조차 어려워졌다. 지구촌 전체가 미증유의 감염병으로 신음하고 있다.

코로나19가 몰고 온 고통은 매우 현실적이다. 경제가 침체하고 경기는 얼어붙었으며, 상점과 식당의 손님이 뚝 끊겼다. 일부 가게는 아예 문을 닫았다. 학생들은 처음엔 쉰다고 좋아하다가 이제는 빨리 학교에 가고 싶다고 아우성인 진풍경도 연출되었다. 종교 예배도 온라인으로 바뀌었다. 곳곳에서 한숨을 토하는 소리를 들을 수 있다. 가뜩이나 힘겨운 생활을 꾸려가던 가난한 사람들은 더욱더 피폐해졌다.

우리나라에서는 정부와 의료진, 국민이 똘똘 뭉쳐 방역과 환자 치료에 최선을 다하고 있다. 위기에 빠진 사람을 지원하며 경제난을 극복하기 위해서도 애쓰고 있다. 이 과정에서 갈등과 마찰이 없지 않았지만, 이것은 민주화된 사회의 자연스러운 모습일 것이다. 모두 힘을 합쳐 팬데믹에 맞서고 있기에 머지않아 코로나19를 종식시키고 소중한 일상의 행복을 되찾을 것이라 확신한다.

한편으로 코로나19 팬데믹은 엄청난 변화를 몰고 왔다. 몇몇 학자는 인류 역사가 코로나19 이전과 이후로 나뉠 것이라고 말하기도 한다. 국가의 역할과 공공의 가치가 새롭게 부각되었고 IT 기술을 활용한 비대면(Untact) 문화가 산업, 교육, 종교, 공연 등 전 영역으로 확산되었다. 점진적으로 이루어질 것으로 보였던 4차 산업혁명의 변화는 코로나19를 분기점으로 삼아 급속하게 진전되었다.

우리는 코로나19에 맞서 싸우며 국가와 사회, 공동체에 대한 인식을 새롭게 하며 거대한 변화를 이루어내야 할 과제를 안게 되었다. 이 변화는 절박하다. 우리가 변화하지 못한다면 코로나19의 환난이 지난 후에도 남은 것이 하나도 없을 것이다.

최근 한국인의 자랑인 K-팝의 발전 과정을 다룬 책을 읽었다. K-팝은 국내 대중음악 시장에서 성공한 회사들이 해외로 확장하면서 퍼진 것이 아니었다. 국내 음악 시장이 축소되고 디지털 음원으로 판도가 바뀌면서 생존의 위기에 처한 회사들이 해외 시장으로 눈을 돌리면서 K-팝이 시작되었다고 한다.

위기는 혁신의 가장 큰 동력이 된다. 그러나 위기에 처한 모든 사람과 기업이 혁신에 성공하는 것은 아니다. 강한 의지와 실천으로 그것을 뚫고 나가고자 할 때만, 새로운 가능성의 문이 열린다.

감사 업무 위기를 혁신의 기회로

내가 몸담은 한전KPS 감사실도 코로나19로 타격을 받았다. 한국전력 계열사로서 발전설비 정비 업무 상당 부분의 책임을 맡은 우리 회사는 국내 60개 사업소, 해외 14개 사업소·지사에 6,500여 명의 직원이 흩어져 근무한다. 감사실에서는 이들 사업소·지사를 규모와 사업 내용에 따라 1~3년에 한 차례씩 종합 감사를 하고 있다. 사업소를 직접 방문하여 현장을 살피고 문서를 점검하며 실무자를 인터뷰하는 방식이었다. 그런데 코로나19 확산 방지를 위한 사회적 거리 두기가 시행됨에 따라 감사 업무에 차질이 불가피해졌다.

일반적으로 감사 업무는 감사인들이 이동해서 수감인들을 대면 접촉하여 이루어진다. 이 과정에서 관련된 사람들과 만남이 잦아지고 수많은 대화가 오갈 수밖에 없는 환경이다. 당연히 감사 진행 중에 코로나19 감염 위험이 도사리기 마련이다. 그 결과 감염병 유행 상황은 감사 업무의 위축을 초래하게 되었다.

하지만 감사 역무는 잠시도 멈출 수 없는 기능이다. 집 지키는 개(Watchdog)가 잠든 사이에 도둑이 든다. 감사 기능이 정지된다면 근무 기강 해이, 부정과 비위(非違), 방만, 도덕적 해이, 각종 사건·사고 등이 그 틈새를 파고들기 마련이다. 사회적 거리 두기의 어려움이 따르더라도 감사가 허술해지면 안 된다. 사회적 위기 상황인 만큼 오히려 감사가 더 철저해져야 한다.

2020년 1월 27일 일요일, 정부는 감염병 위기 경보를 '주의' 단계에서 '경계' 단계로 격상시켰다. 국내 환자가 발생하면서 '주의'였던 위기 경보를 일주일 만에 '경계'로 올린 것이었다. 당시는 설 연휴 기간이었고 더구나 CEO는 UAE 바라카 원전으로 업무상 출장 중이었다. 나는 긴급 대응이 필요하다고 판단했다.

재난안전실장을 불러 대응 체계를 점검하고 상황실에 들러 현장 준비 상태를 확인했다. 급한 대로 마스크는 준비된 물량이 있었으나 출입 시에 체온을 측정하는 장비는 급히 추가 구입해야만 했다. 보건 위기 대응 매뉴얼도 감염병에 적합하게 새로이 다듬고 추가하도록 했다.

모두가 그렇듯, 처음엔 일시적 위기 대응으로 이 시기만 넘기면 일상으로 복귀할 수 있을 거라 여겼다. 하지만 상황은 오히려 악화 일로를 걸었다. 2월 23일 정부는 위기 경보를 최고 등급인 '심각' 단계로 격상시켰다. 감사실도 막막해졌다. 감사를 잠시 보류하라는 지시는 이제 더는 유효하지 않은 무의미한 지침이 되었다.

'이대로 계속 두손 두발 묶고 있을 수는 없다. 발전 현장의 한전 KPS 사업소는 계속 업무가 진행되고 있다. 뭐라도 해야 한다. 최소한의 것부터 차근차근…'

우리는 '화상 감사'라는 새로운 시도에 나섰다. 그리고 추진 과정에서 화상으로 인터뷰하는 것뿐만 아니라 온라인으로 각종 자료와 서류를 전송받고 확인하는 과정을 거치게 되면서, 이를 '랜선(LAN線) 오디트(Audit)'라 이름 붙이고 시스템을 도입하기로 했다.

내가 처음 이 제안을 했을 때, 감사실 직원들은 막막한 표정으로 당황해했다. 그도 그럴 것이 벤치마킹할 사례가 거의 없었다. 국내 공기업 중 첫 번째 도전이었다. 선진국의 일부 기업과 국내 지방자치단체 등에서 추진된 사례가 있지만, 그 성격이 달라 우리 회사에 도입하기에는 부적절했다.

현장 방문이 아닌 온라인과 화면으로 이루어진 감사가 실질적인 효과를 가져올 수 있을지도 미지수였다. 그리고 IT 기업이 아닌 우리 회사 감사실과 사업소 직원들이 하드웨어와 소프트웨어를 능숙하게 다루며 혼란 없이 감사를 진행할 수 있을지조차 장담할 수 없었다.

그러나 반드시 해야 할 일이었기에 난관을 무릅쓰고 추진에 나섰다. 먼저 화상 감사의 효과를 높이기 위해서 '프라이밍(Priming)' 제도를 도입했다. 'Priming'은 마중물이라는 뜻이다. 펌프질을 할 때 물을 끌어 올리기 위하여 먼저 약간의 물을 붓듯이 화상 감사가 잘 진행될 수 있도록 사전 작업을 하는 것이다.

상임감사인 내가 직접 사전 회의를 주재하는데, 화상 감사와 기존 감사 방식의 차이, 감사 방향과 감사 중점 점검 항목 등을 상세히 설명하고 적극 업무 면책 제도나 사전 자진 신고 제도 등을 소개했다.

프라이빙 과정을 통해 자체 감사 기구의 신뢰성을 높이고 현장과의 소통이 단절·왜곡되는 것을 미리 방지할 수 있었다. 결과적으로 수감 부서의 감사 이해도가 높아졌으며 수감 자세도 철저해졌으며 더욱 구체적인 준비를 하는 장점이 생겼다.

화상 감사의 문화적 확산을 위해서 직원들이 사전에 자진 신고하거나 적극적 업무 수행으로 인해 발생한 부득불한 사안에 대해서는 면책해주는 등의 조치도 더욱 강화했다.

원활한 화상 감사 수행을 위한 '랩센터(L.A.B. Center)'를 열었다. 'L.A.B.'은 'LAN線 Audit Begins'의 약자이다. 랩센터를 통해 감사

랜선 오디트 수행 과정

①	프라이밍(Priming)	상임 감사가 감사 철학과 방향을 공유
②	리스닝(Listening)	사업소 애로사항, 건의사항 등을 청취
③	코칭(Coaching)	전문 인력 활용하여 감사 전문성 제고
④	프로빙(Probing)	준감사인(S-Auditor)을 활용, 비대면 현장 점검
⑤	크로싱(Crossing)	타사 벤치마킹 및 교차 감사 시 비대면 진행
⑥	이사이닝(e-Signing)	감사 증거 서류 전자 인증 체계 도입
⑦	클로징(Closing)	비대면 감사 종료 시 회의 진행
⑧	컨퍼밍(Confirming)	비대면 감사 결과 심의 회의 진행
⑨	매니징(Managing)	비대면 감사 사후 관리
⑩	어셉팅(Accepting)	감사 후 만족도 조사

자료를 온라인으로 실시간 제출하고 이를 검증하며 확인할 수 있게 되었다. 여기에는 실시간 현장 점검이 가능하도록 다자간 영상 통화 환경을 갖추었다.

한전KPS의 화상 감사 시스템 '랜선 오디트'는 시행 초기에는 프라이밍, 코칭, 프로빙, 크로싱, 클로징의 5가지 과정을 거쳤으나, 보완을 거쳐 10단계의 정교한 시행 절차를 마련하여 수행하였다.

화상 감사 프로그램 랜선 오디트를 도입한 후 감사 품질이 더 향상되는 역설적인 경험을 했다. 감사실 직원의 현장 방문과 수감 사업소가 이를 맞이하는 과정에서 필요 이상으로 걸리는 시간이 줄었으며, 실질적인 부분에 감사와 수감 역량을 집중할 수 있어 효율적인 감사가 진행되었다.

현장 방문 감사에서는 동행하기에 어려웠던 전문가와 다른 기관 감사 인력 등을 감사 과정에 참여시키기도 한결 편리해졌다. 해외 사업소와 지사에 대한 감사를 더욱 충실하게 진행할 수 있는 장치를 마련한 것도 큰 성과였다.

처음 시작할 때에는 전체 감사의 50% 정도를 화상 감사로 진행하고자 했는데, 시행 과정에서 화상 감사 시스템의 문제점을 개선하고 랜선 감사로 고도화하고 지속적으로 보완하면서 전체 감사의 80% 이상 수준으로 확장하는 것으로 계획을 수정하여 도전하였다.

한전KPS의
랜선 감사

랜선 감사란 무엇인가?

한전KPS 감사실은 사업소 업무 전 분야에 대하여 업무 처리 결과를 점검하여 부정·오류 등의 문제점을 찾아서 이를 고치도록 하며 경영 방침, 경영 목표 등의 이행 실태를 살펴봄으로써 경영 저해 요소를 개선하려는 목적으로 감사를 수행한다.

기존에 종합 감사는 발전원과 설비 용량 등을 기준으로 사업장별로 1~3년 단위로 시행해왔으며 내가 감사로 부임한 이후 자율적 내부 통제를 위한 실행 부서 참여형 종합 감사 제도인 'SOFT 감사(Self Open-up Field Together)'를 병행해왔다.

그런데 코로나19 방역을 위한 사회적 거리 두기로 현장 감사에 어려움이 생겼다. 이를 극복하고 감사 본연의 중요 기능을 유지·

랜선 감사를 수행하는 L.A.B.센터

강화하면서 비대면 감사 문화를 구현하기 위해 랜선 감사로 전환한 것이다. 우리는 실지 감사를 최소화했는데, 초기 50% 수준이었던 비대면 감사를 단계별로 확대하였고 비대면 감사 비율 80%를 넘어 2020년 8월부터는 100% 랜선 감사만으로 진행하고 있다.

초기 랜선 감사는 주로 종합 감사 분야의 화상 회의 시스템이었다. 화상 회의 소프트웨어와 컴퓨터·모바일 기기를 이용하여 사업소와 비대면·비접촉 언택트(Untact) 감사를 진행한다. 비대면 감사를 수행하면서 감사 업무 전문성을 높이기 위해 전문가 참여를 추진하고, 랜선 감사의 내부 통제 기능 유지를 위해 자진 신고 제도 활성화를 추구한다.

랜선 감사 진행 과정

본사 준비

최초 랜선 감사는 본사 5층 중회의실을 빌려 '랜선 감사 상황실'을 설치하고 기존의 화상 시스템 시설을 활용했다. 이곳에서 수감 자료를 확인하고 착안 사항을 작성했다. 그리고 감사 실시 계획을 수립해서 사업소별로 시행을 통보했다. 하지만 나중에는 랜선 감사 전용공간인 'L.A.B.센터'를 설치해 감사 자료를 온라인으로 주고받으며 확인하고 다자간 영상 통화로 실시간 현장 점검을 하는 한층 고도화된 감사 환경을 구축했다.

L.A.B.센터에는 6석 이상 규모의 회의실, 외부망 및 업무망에 각각 연결되는 2대 이상의 PC, 화상 회의와 자료 공유를 위한 2대 이상의 디스플레이, 자동 추적 시스템이 장착된 카메라, 무선 화면 공유 시스템 등의 장비를 갖추었다.

사업소별 준비

기존에 감사를 받는 사업소에서는 실지 감사 전(前) 사업소 관련 수감 자료를 제출했었다. 랜선 감사 체제로 전환하여 초기에는 수감 자료를 본사 감사실에 우편 등기로 발송하는 형태였으나 지금은 이 방식을 바꾸어 E-감사 시스템에 스캔 파일로 자료를 제출하도록 하고 있다. 앞으로는 이를 개선하여 사업소 관련 서류를 전산화하고 이를 등록 및 관리할 수 있도록 업무 니지털화를 추진하고 있다.

또한, 사업소 단위로 감사를 위한 독립된 전용 공간을 지정하고 운용한다. 수감인 보호를 위해 사무실과 혼용하지 않도록 했다. 듀얼 모니터와 카메라 등 영상 회의용 장비를 갖추고 영상 회의를 위한 프로그램을 미리 설치해두도록 했다. 또한, 사업소 감사장의 무분별한 출입을 막기 위해서 출입 일지도 작성한다.

화상 감사 진행

본사와 사업소의 감사 준비가 끝나면 영상 회의 방식의 감사가 진행된다. 본사와 사업소에서 미리 통보를 받은 랜선 감사 영상 회의실에 참석자가 자리를 잡는다. 앞에서도 잠깐 언급했듯이 감사의 시작은 '프라이밍(Priming)'이다. 상임감사가 주재하여 감사 철학을 공유하고 현장과 소통하는 기회를 갖는다. 이 자리에서 소통형 감사 제도인 자진 신고, 적극 업무 면책 제도 등에 대해서도 직접 설명한다. 아울러 감사 방향과 감사 중점 항목 등을 전달하며 사업소 업무 현황과 애로 사항, 현안 과제 등도 청취한다.

화상 감사가 진행될 때 회의실 디스플레이는 화면 분할 모드로 한다. 또한, 효율적으로 자료를 확인하기 위해 듀얼 모니터를 써서 문서 공유 화면과 화상 회의 비디오 화면을 분리한다.

종합 감사는 보통 5일이 걸리는 데, 첫날 프라이밍 후, 둘째 날부터 넷째 날까지는 화상 감사를 진행한다. 미리 선정되어 참석을 통보받은 사람들이 독립된 감사 공간에 참석하여 인터뷰 등 실지 감사를 진행한다.

인터뷰 대상자는 인사기록원부의 등록 사진과 성명, 사번, 생년월일, 현재 직무 등 신분을 철저히 확인한다. 그리고 방역 지침에 따라 반드시 마스크를 착용하도록 했다. 인터뷰하면서 녹화를 동시에 진행한다. 개별 인터뷰는 대략 20분 정도 걸린다. 때로는 증빙은 실시간 공유 기능을 통해 증거 서류를 요구하여 받거나 작성하도록 한다.

화상 환경이라는 특성을 고려하여 주변 소음을 최대한 제거하고, 답변 시 습관적이거나 불필요한 동작은 최대한 자제하도록 안내한다. 이때 수감자는 답변이 장황하지 않고 논리적이며 정확하게 의사 전달이 되도록 의식적으로 노력할 필요가 있다.

감사 다섯째 날은 감사를 종료하는데, 사업소장, 총무팀장, 기술팀장 등 주요 간부들이 참석한 가운데 사업소 강평과 질의응답을 진행한다. 이 역시 화상 감사 환경에서 이루어진다.

해외 사업소·지사 랜선 감사

해외 사업소와 지사에 대해서도 국내 사업소와 같은 방식의 랜선 감사를 도입했다. 그런데 해외라는 환경을 고려해야 했다. 세계 표준시(UTC) 기준 시차 정보, 화상 회의의 원활한 진행을 위해 그 나라의 인터넷 속도 등의 환경을 미리 검토해야 한다. 해외 사입장 삼사는 해외 사업장 시차와 국내 근무 요건 등을 고려하여 감사 시행 계획을 수립하고 현지 상황을 반영한 통신망을 구축하며 사전 테스트를 철저하게 하여 감사 진행에 차질이 없도록 준비해야 한다.

해외 사업장은 감사 시행 전에 E-감사 시스템에 자료를 제출하고 그 외 자료를 스캔하는 등의 전산화 과정을 거쳐서 이메일로 발송하도록 한다. 하도급 공사, 물품·공사 계약서, 기성고 서류 등이 여기에 포함된다. 필요한 경우 증빙을 감사 진행 중 실시간으로 공유하거나 이메일을 활용하여 증거 서류를 받기도 한다.

해외 사업장의 랜선 감사 진행은 국내 사업장과 비슷하게 진행되지만, 해외 네트워크 환경에 따라 별도의 소프트웨어를 이용하기도 한다. 속도 저하로 화면 끊김이 생길 때는 보이스톡, 페이스톡 등 소셜네트워크 앱도 동원된다. 무선 화면 공유 시스템을 활용하여 모바일 기기와 스크린을 연결하는 방식이다. 이때 주의할 점은 대화창 등에서 보안을 확인하며, 영상 녹화 기능이 없는 앱에서 녹화를 대체하는 방안을 마련하는 것이다.

사업장 내의 네트워크 환경이 갖추어지지 않아 감사 시행이 어려울 때는 실지 감사 대상자에 한해 재택근무로 전환하여 시행하는 등의 방안도 운영한다.

보안에 특별히 주의

랜선 감사를 시행할 때는 화상 감사 진행 단계별로 보안 관리를 철저히 해야 한다. 감사 준비 단계에서는 문서 내용이 창문이나 거울 등 주변 물체에 반사되어 노출되거나 비공식적 촬영이 이루어지지 않도록 가림막을 설치하는 등의 장치를 통해 취약 요소를 제거해야 한다. 또한, 감사 자료의 적정 비밀 등급 분류 여부를 세세하게 확인해야 한다.

화상 감사 시스템에 사용되는 하드웨어의 보안 관리도 신경을 쓸 부분이다. 백신 프로그램을 사전에 설치하고 최신 보안을 업데이트하며, 인가되지 않은 인터넷 접속 차단 등의 단계를 진행한다.

랜선 감사 준비 사항 체크리스트

분야		체크 사항	Y	N
감사 준비	인원·시설	영상 회의용 장비 구비 및 작동 여부를 확인하였는가?		
		사업소 감사장은 독립된 전용 공간이 설정되었는가?		
		실지 감사 인원을 사전에 선정하여 통보하였는가?		
	문서	감사 관련 자료 제출은 이상이 없는가?		
	장치	개인 노트북 사용 금지 등 사전 보안 교육을 실시했는가?		
		백신 프로그램 설치 및 최신 보안 업데이트를 했는가?		
		비인가 인터넷 접속을 차단했는가?		
		화상 감사 시스템 접속의 문제는 이상이 없는가?		
감사 진행	인원·시설	비인가자의 출입을 통제하고 출입일지를 작성했는가?		
		카메라, 녹음기, 스마트폰의 반입을 금지했는가?		
		실지 감사 인원에 대한 신분 확인을 확실히 하였는가?		
		휴식 시간 중 카메라, 마이크 전원을 차단했는가?		
		마이크 오염 등 예방을 위한 마스크를 착용했는가?		
	문서	휴식 시간 및 감사 종료 후 문서 방치 여부를 확인했는가?		
	장치	비인가 저장 장치 및 인터넷 연결을 차단했는가?		
		불필요한 자료 노출에 대비 PC 화면 등을 정리했는가?		
감사 종료	문서	비밀 및 관련 문서 분실 여부를 확인했는가?		
		보관이 필요 없는 문서는 파기했는가?		
	장치	화상 감사 시스템 및 장비 내 감사 자료는 삭제했는가?		

　화상 감사에 들어가면 참석 대상자가 아닌 사람의 감사 공간 출입을 통제하고 참석자들의 개인 카메라, 녹음기, 노트북 등 인가되지 않은 장비의 반입을 금지한다. 또한, 회의장 출입구에 보관함을 두어 참석자의 스마트폰을 수거하여 보관한다.

　화상 감사 진행 중 휴식 시간이나 당일 감사가 끝난 후에는 감사 공간 내에 문서가 방치되지 않았는지 챙겨야 한다. 감사 중 회의 문서를 화면에 노출할 때는 바탕화면에 불필요한 아이콘이나 메모 등이 노출되지 않도록 미리 정리해야 한다.

화상 감사를 마치는 단계에서는 관련 문서의 분실 여부를 최종 확인하고 보안이 필요하지 않은 문서는 즉시 파기한다. 그리고 화상 감사 소프트웨어나 하드웨어에 남은 파일 자료를 완전 삭제 프로그램을 통해 폐기한다.

랜線 Audit(비대면 감사) 시스템 소개

Ⅰ. 개요

추진배경
포스트 코로나 시대 대비 Digital New Deal 시대와 발맞춘 랜線 Audit 운영체계 구축

* 랜線 : 통신망을 의미하는 LAN(Local Area Network)과 선이 합쳐진 합성어에서 유래

추진경과

2020. 04	2020. 07	2020. 08	2020. 09
최초 비대면 감사 시행 계획 수립	랜線 Audit, 비대면 감사 확대 시행	랜線 Audit, 비대면 감사 절차 수립	L.A.B Center 구축 (랜線 Audit 상황실)

추진내용
L.A.B Center(비대면 감사장) 구축, 100% 비대면 감사를 위한 온택트 감사운영체계 수립
영상회의 솔루션(소프트웨어)과 사용자장비(하드웨어)를 활용한 감사

영상회의 솔루션
- 업무망 : 사내 영상회의 시스템
- 인터넷망 : 온-나라 PC 영상회의(정부통합의사소통 시스템)
- 상용 SW(CISCO Webex, Skype, Face-Talk 등)
- ※ 모든 솔루션은 진행과 동시에 녹화 시행하고, 인터넷 속도 등 사용환경에 따라 선별적 활용

사용자 장비
- PC : 업무망/인터넷망 각 1대
- Display : UHD 75" TV 2대(Dual)
- Camera : Logitech Meet-up (스피커, 마이크 일체형)
- 기타 : 무선화면공유 SYS' 장비

Ⅱ. 운영 및 절차

- 비대면 현장과 소통,공감 랜線 Audit 「ON」
- 디지털 기반 능동적 감사기법 랜線 Audit 「T-ACT」
- 비대면 감사문화 정착을 위한 랜線 Audit 「Wrap-up」

Scoping → Priming Icebreaking → Listening → Coaching / Probing / Crossing → e-signing → Closing → Confirming / Managing / Accepting

	구분	운영체계	내용
랜線 Audit 「ON」 감사시작	Scoping	감사 사전검토 회의	감사시작 전 사업주관부서 의견을 청취, 감사방향 및 개선방향 등 사전검토 시행
	Priming	상임감사 참여	상임감사가 감사 시작 회의에 참석, 감사설학 공유 등 현장과 소통 기회 마련
	Icebreaking	茶加溫(다온)	피감사업장 관리자와 감사인 간 양방향 소통기회 등 환경구축
	Listening	양방향 소통	피감사업장 관리자와 감사인 간 양방향 소통과 공감 확대
랜線 Audit 「Transparency」-ACT」 감사수행	Coaching	전문인력 참여	감사 대상 사업장의 상황 반영한 해당분야 전문인력 선별적 참여
	Crossing	교차감사	교차감사 대상기관 비대면 감사 참여로 자체감사활동의 내실화
	Probing	비대면 현장점검	영상통화 기능을 활용한 취약분야(자재, 공기구 등) 비대면 현장 불시 점검
	e-Signing	감사증거 징구	비대면 감사 증거서류(확인서 등) 전자인증체계 도입으로 업무 간소화 시행
랜線 Audit 「Wrap-up」 감사종료	Closing	강평 및 총평	감사결과 공유, 업무상 건의사항 등의 청취를 비대면으로 진행
	Confirming	감사결과 심의	비대면, 비접촉 감사결과 심의위원회 운영으로 객관적 심의 분위기 조성
	Accepting	감사 만족도 조사	감사 대상 사업장의 감사 만족도 조사로 수용성과 감사품질 제고
	Managing	감사 사후관리	지적사항 재발방지 등 체계적 사후 관리를 위한 비대면 온라인 교육 등 시행

Ⅲ. 성과와 의의

▶ '20년 종합감사 수행 실적

- 대면 6회
- 총 22회
- 비대면 16회

'20년 7월, 랜線 Audit 전환 시행

비대면 감사업무 문화 정착으로 뉴 노멀, 디지털 뉴딜 시대 선도

- ▶ 비대면 감사시스템 완비, CORONA-19 감염 가능성 제로화
- ▶ (업무효율화) 연간 감사계획 축소 없이 감사업무 정상 수행
- ▶ (집 단 지 성) 실시간 전문인력 참여 가능으로 감사 전문성 확보
- ▶ (예 산 절 감) 감사수행 간 출장비 등 예산절감 효과 발생

한전KPS '랜선 오디트'를 1페이지로 요약한 문서

'랜線 Audit' 비대면 감사 시스템
발전 과정

한전KPS 감사실은 비대면 감사에 대해 '랜線 Audit'라는 이름을 붙였다. 인터넷 네트워크를 뜻하는 '랜(LAN)'과 비대면 연결을 뜻하는 '線', 감사의 영어 단어 'Audit'을 합친 말이다.

'랜線 Audit' 수행 과정에 관심을 보이는 사람들이 많기에, 여기에 한전KPS의 '랜線 Audit' 비대면 감사 실무의 전반적 사항을 체계적으로 소개하고자 한다.

때마침 《감사저널》 2020년 11월호에 이 내용을 기고하게 되어, 그 원고를 약간의 수정만 거쳐 소개하는 것이 좋겠다고 생각한다. 앞 내용과 중복되는 점이 있지만, 전체적인 체계를 이해하는 데 도움이 될 것이라 생각한다.

도입 배경

코로나19 시대를 맞이하여 국가 경제·사회 전반의 구조적 변화가 초래됨에 따라 감사 제도 역시 변화를 모색해야 하는 패러다임 전환의 필요성이 대두되고 있다. 한전KPS 감사실은 뉴노멀로 대변되는 시대 흐름에 발맞춰 비대면 자체 감사 정책을 선도적으로 수립하고 이행함으로써 공기업으로서의 사회적 책임을 다하고자 노력하고 있다. 또한 코로나19를 극복한 이후 변화된 사회인 포스트 코로나 시대에 선도적으로 대응하고자 한다.

코로나19로 인한 감염 위험 증가와 정부의 사회적 거리 두기 정책으로 인해 현장 실지 감사의 축소는 필연적인 상황이 되었다. 대다수 기업과 조직이 비대면으로 감사 방향을 전환해 자체 감사 기구의 내부 통제 기능을 유지하고자 애쓰고 있는 상황이다.

한전KPS 감사실 역시, 2020년 4월 비대면 감사 시스템 구축을 시작으로 같은 해 9월 7일 전용 비대면 감사장 L.A.B.센터(Center)를 열었으며, 이를 통해 2020년 한 해 해외를 포함한 8개 사업장을 100% 비대면 감사로 수행하고 '랜線 Audit 매뉴얼'을 개정하면서 비대면 감사 활동을 적극적으로 전개하며 발전시키고 있다.

비대면 감사 운영 체계 확립

한전KPS 감사실은 2020년 상반기 공공기관 최초 비대면 감사 시스템인 '랜線 Audit'를 구축한 이래, 비대면 감사의 취약점 보완을 위한 감사 기법을 지속적으로 개발하여 100% 비대면의 '랜線 Audit' 운영 체계를 확립하고, 관련 매뉴얼을 10차에 걸쳐 재정비하면서 시스템을 발전시켜나가고 있다.

한전KPS의 '랜線 Audit'는 L.A.B.센터를 거점으로 이루어지는데, 상임감사 주재로 종합 감사를 시작하면서 감사 철학과 방향을 공유하는 프라이밍(Priming), 수감 사업장 상황에 따라 변호사, 세무사 등 전문 인력이 선별적 참여하여 감사 전문성을 강화하는 코칭(Coaching), 영상 통화 앱을 활용해 취약 분야(자재 등)에 대해 비대면 영상 현장 점검을 불시 시행하는 프로빙(Probing), 감사 종료 회의 및 강평을 영상으로 시행하면서 감사 결과를 공유하고, 업무상 건의 사항 등을 청취하는 클로징(Closing) 등 일련의 랜선 오디트 운영 체계를 확립하였다. 그리고 이어서 랜선 오디트의 객관성을 확보하기 위해서 타사 감사 기법 벤치마킹을 활용한 교차 감사를 비대면으로 진행하는 코로싱(Crossing)을 도입했다.

또한, 비대면 감사를 진행하면서 확인된 취약점인 감사 대상 사업장과의 소통, 현장 점검 미흡 및 온라인 징구 감사 증거의 증거력 문제 등을 보완하기 위해, 감사 대상 사업장 관리자와 감사 인력 간 영상 티타임을 통해 현안 사항을 양방향 소통하며 공유하는 리스닝(Listening), 업무 간소화를 위해 온라인으로 제출된 비대면 감사 증거 서류(확인서 징구 등)를 감사실 전자 인증을 통해 접수하는 이-사이닝(e-Signing) 등의 감사 기법을 추가로 개발하였다.

온택트(On-Tact) 랜線 Audit

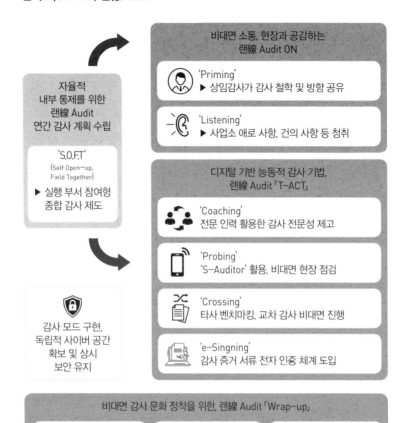

자율적
내부 통제를 위한
랜線 Audit
연간 감사 계획 수립

'S.O.F.T'
(Self Open-up,
Field Together)
▶ 실행 부서 참여형
종합 감사 제도

감사 모드 구현,
독립적 사이버 공간
확보 및 상시
보안 유지

비대면 소통, 현장과 공감하는
랜線 Audit ON

'Priming'
▶ 상임감사가 감사 철학 및 방향 공유

'Listening'
▶ 사업소 애로 사항, 건의 사항 등 청취

디지털 기반 능동적 감사 기법,
랜線 Audit 「T-ACT」

'Coaching'
전문 인력 활용한 감사 전문성 제고

'Probing'
'S-Auditor' 활용, 비대면 현장 점검

'Crossing'
타사 벤치마킹, 교차 감사 비대면 진행

'e-Singning'
감사 증거 서류 전자 인증 체계 도입

비대면 감사 문화 정착을 위한, 랜線 Audit 「Wrap-up」

'Closing'
비대면 감사종료회의

'Confirming'
비대면 감사 결과 심의

'Managing'
비대면 감사 사후 관리

마지막으로 감사 시작부터 종료까지 완전한 비대면 감사가 이루어질 수 있도록 감사 결과 심의위원회를 감사 인력과 심의위원 간 비대면·비접촉으로 운영하여 감사 결과의 공정성과 투명성을 확보하는 컨퍼밍(Confirming), 반복 지적 사례 재발 방지를 위해

전 사업장 대상으로 분기별 비대면 온라인 교육을 시행하는 매니징(Managing)이라는 감사 사후 관리 등 100% 비대면의 감사 운영 체계를 정립하였다.

'랜線 Audit'의 개념

랜선 오디트는 사후 감사의 일종으로 주로 영상 회의 시스템을 적극 활용한 감사를 말한다. 영상 회의 솔루션(소프트웨어)과 사용자 장비(하드웨어)를 이용해 사업소와 비대면 '온택트(On-tact)' 감사를 시행하는 것을 특징으로 한다. 이를 통해 사업소 업무 전 분야에 대해 업무 처리 결과를 감사하고 부정, 오류 등 문제점을 적출하여 시정하도록 하며, 경영 방침·목표 등의 이행 실태를 점검하게 된다. 이와 함께 비대면 감사 수행에 따른 감사 업무 전문성 향상을 위해 전문가 참여를 추진하고 랜선 오디트의 내부 통제 기능 유지를 위해 자진 신고 제도 활성화를 촉진하려는 목적이 있다.

랜선 오디트 개념

흐름도	소프트웨어 활용	하드웨어(기자재)

랜선 오디트를 벤치마킹하러 온 기관 관계자들에게 시스템 설명

업무 프로세스

랜선 오디트 준비 (본사)	
	▶ 랩센터(L.A.B. Center) 구축 ▶ 감사 수감 자료 확인 및 착안 사항 작성 ▶ 감사 실시 계획 수립 및 실시 통보

⇩

랜선 오디트 준비 (사업소)	
	▶ 실지 감사 전 감사 자료 사업소 관련 자료 제출 　(본사 감사실 우편 등기 발송) 　(향후 E-감사 시스템에 스캔 파일로 자료 제출) 　(사업소 관련 서류 전산화 등록, 관리 추진) ▶ 감사를 위한 독립된 전용 공간 설정

⇩

랜선 오디트 영상 회의 (On-line)	
	▶ 통신망 등 사용 환경에 따른 랜선 오디트 영상 　회의 프로그램 선정 ▶ 랜선 영상 회의실 참석자 통보 ▶ 비대면 종합 감사 시 소통과 공감을 위한 프라 　이밍(Priming),리스닝(Listening) 시행

⇩

실지 감사 시행 ①	
	▶ 분야별 감사 시행 및 필요시 비대면 실지 감사 　(Interview) ▶ 인사기록원부 등록 사진 및 신분 확인 　– 성명, 사번, 생년월일, 현재 직무 등

⇩

실지 감사 시행 ②	
	▶ 인터뷰 진행 시 녹화 동시 진행 　(인터뷰 진행: 20분 내외) ▶ 증빙 실시간 공유 기능을 통한 증거 서류 징 　구 시 디지털화 전자인증 체계, 이-사이닝 　(e-Signing) 활용

⇩

실지 감사 시행 ③	
	▶ 감사 전문성 확보 및 자체 감사 활동 내실화를 　위한 코칭(Coaching), 크로싱(Crossing) 시행 ▶ 본사–사업소 모바일 영상 연결을 활용한 비대 　면 현장 점검 프로빙(Probing) 시행

⇩

랜線 Audit 종료	
	▶ 감사 결과의 공정성 및 객관성 확보를 위한 클 　로징(Closing), 컨퍼밍(Confirming) 시행 ▶ 비대면 온라인 교육 등 매니징(Managing)을 　통한 체계적인 감사 결과 사후 관리

랜선 오디트 절차 및 방법

주요 일정

일정	내용	비고
D+1 (실지 감사 시작일)	▶ 사업소 열린 대화 시행 　(상임감사 프라이밍 시행 등)	▶ 참석 대상: 사업소장, 총무·기술팀장 등
D+2 ~ D+4 (실지 감사 수행)	▶ 비대면 감사 대상자 선정 및 통보 ▶ 비대면 실지 감사(Interview) 시행 ▶사업소 부적정 업무 실사 등	▶ 리스닝: 양방향 소통 ▶ 코칭: 전문 인력 참여 ▶ 프로빙: 비대면 현장 점검 ▶ 크로싱: 교차 감사
D+5 (실지 감사 종료일)	▶ 사업소 강평 및 질의응답 　(랜선 오디트 클로징 시행 등)	▶ 참석 대상: 사업소장, 총무·기술팀장 등

랜선 오디트 준비-본사

랜선 오디트 실행을 위해 본사 6층 회의실(6석 이상 규모)에 공간을 새로 마련하고, PC(외부망, 업무망) 2대에 영상 회의 시스템을 설치하였다. 그리고 75인치 스마트TV 2대와 고성능 웹 카메라, 영상 공유기 등으로 랩센터(L.A.B. Center)를 설치하여 랜선 오디트 상황실을 구축하였다.

기존 종합 감사 시 예비 감사 기간을 1주로 운영하던 것을 비대면 감사의 내실을 기하기 위해서 2주로 준비 기간을 늘렸다.

사업소 종합 감사 기본 계획에서 정한 감사 중점 사항과 대상 사업소로부터 제출받은 E-감사 자료 등을 종합적 검토한 후 업무 분야별 착안 사항을 작성하고 하도급 공사, 물품·공사 계약, 기성고 및 준공 서류 등 직접 검토가 필요한 경우 '감사 제출 서류' 요청 절차를 통해 사업소에 자료 요청을 한다.

종합 감사 대상 사업소의 기능과 특성, 최근 정황 등을 고려하여 구체적인 방향에 따라 계획 수립 및 시행을 해당 사업소에 공문으로 통보한다.

랜선 오디트 준비-사업소

종합 감사 대상 사업소에서는 랜선 오디트 '프라이밍', '클로징'을 위한 회의장을 마련한다. 영상 회의 시스템 활용 시 최상의 영상 품질을 구현하고자 화상 카메라는 최소 FHD(Full HD, 1920·1080) 이상으로 준비하며, 영상 회의와 문서 공유 기능 등의 동시 진행을 위한 듀얼 모니터(또는 프로젝터 등)를 연결한다. 영상 회의를 위한 프로그램을 준비하는데, 업무용 영상 회의 인터넷망 온-나라 PC 영상 회의 등을 사전 설치한다.

종합 감사 대상 사업소에는 랜선 오디트를 위한 독립된 전용 공간(감사장)이 준비되어야 한다. 이때 수감인 보호를 위해 사무실 공간이 아닌 독립 공간을 사용하도록 하며 사업소 감사장의 무분별한 출입을 막기 위해 출입 일지를 작성하게 한다.

랜선 오디트 영상 회의(On-line)

감사 과정에서 대상자를 선정하여 실지 감사(Interview)를 시행할 경우 대상자에게 사전에 통보해서 일정을 조율하여 비대면 감

한전KPS 랜선 오디트 운영 체계에 따라 자체 감사 중 상임감사가 프라이밍을 이끌고 있다.

영상 회의 프로그램 선정

- 사용 환경에 따른 영상 회의 프로그램 우선순위 설정
  - 사내 업무망 PC 사용 가능 시 : (업무망) 영상 회의 프로그램 우선 사용
  - 사용 불가 시 ① (사내) 인터넷망 PC: 온–나라 PC 영상 회의
    　　　　　　② (사외) 개인용 PC: 온–나라 PC 영상 회의
    　　　　　　③ 모바일 장비: 애플리케이션(Webex, Skype 등) 활용

사장에서 서로 볼 수 있게 준비한다. 그리고 영상 회의 프로그램
을 통해서 '20년도 ○○사업처 랜線 종합 감사'와 같은 이름으로
영상 회의실을 개설하여 실지 감사를 진행한다.

비대면으로 종합 감사를 시행하면서, 감사 대상 사업소에서 종
합 감사에 대한 중요성 및 긴장감이 약화될 수 있는 문제점과 대
면 감사보다 소통의 기회가 줄 수 있는 문제점을 해소해야 했다.
이를 위해, 기존 감사반장 대신 상임감사가 랜선 오디트 시작 전
에 직접 영상 회의에 참석해서 상임감사의 감사 철학을 공유하고

랜선 오디트 진행 일정

구분		월	화	수	목	금
랜선 오디트 운영 체계		프라이밍	리스닝	리스닝	리스닝	클로징
참석 대상	사업장	사업소 관리자 (10명 이내)	사업처(소)장	총무·기술 관리자	현장 관리자	사업소 관리자 (담당자 등)
	감사실	상임감사, 감사반원	감사반원	감사반장	감사반장	감사반원
시간(분)		30	60	60	60	30

현장과 소통하는 기회인 랜선 오디트 '프라이밍'을 시행하였다. 상임감사가 직접 감사 대상 직원들에게 '소통 감사'의 제도적 일환인 자진 신고 제도, 적극 업무 면책 제도를 설명하고 감사 기간의 감사 방향과 감사 중점 점검 항목 등을 전달하고 사업소 업무 현황, 애로사항 및 현안 과제를 청취한다.

또한, 사업장의 현안 사항을 적극 수렴하기 위해서 랜선 오디트 '리스닝'으로 감사반장과 반원이 사업소장, 관리자들과 매일 쌍방향 소통 환경을 구축해서 의견을 청취하고, 개선이 필요 사항의 경우 주관 부서와 협의 등을 통해 컨설팅 감사에 반영하고 있다.

랜선 오디트 실지 감사(Interview) 시행

실지 감사(Interview)를 할 때는 대상자 신분 확인을 인사기록원부 등록 사진과 대조하며 개인 정보(성명, 사번, 생년월일, 현재 직무 등)를 통해 철저히 확인한다. 그리고 주변 소음을 제거하며 정확한 의사 전달 등에 대한 유의 사항을 알려준다. 이와 함께 실지 감사(Interview) 시작 전에 영상 회의 프로그램을 통해서 녹화가 시작됨을 알린다. 이런 절차를 거친 후 실지 감사를 시작한다. 이 과정에서는 문서 공유 기능을 활용하여 필요할 때 증빙 서류를 징구하고, 필요 서류를 작성하게 한다. 인터뷰 진행 시 20분 내외로 한다. 방역 관리를 위해서 마이크, 소독 등 사전 예방 절차를 거치며 감사인 및 수감인은 반드시 마스크 착용을 하게 한다.

감사 대상 사업장 상황 분석에 따라 필요한 경우, 랜선 오디트 '코칭'을 시행한다. 사업소 감사 착안 사항에 따라 전문 인력이 선별적으로 참여하는 것이다. 예를 들어 안전사고 관련 감사의 경우 재난안전실(안전) 직원, 사업소 노무 사항 컨설팅 관련 감사의 경우 노무사, 정기 세무 조사 지적 사례(가산세)의 경우 세무사, 미수 채권 회수 컨설팅의 경우 변호사를 해당 감사에 참여하게 하여 감사를 진행하였다.

　그리고 스마트폰 영상 통화 기능을 활용하여 현장 점검이 필요한 취약 분야 점검을 위해서 랜선 오디트 '프로빙'을 시행한다. 이는 비대면 현장 감사 수행 방법으로, 공기구·자재 관리 현황 등을 불시 점검하는 것이다. 이때 총 150명으로 구성된 권역별 감사 담당역과 사업장별 준감사인(S-Auditor)이 동반하여 점검을 시행하고 있다.

　교차 감사는 대상 기관 비대면 감사 참여로 감사 결과 객관성을 확보하기 위한 것이다. 비대면 감사 시스템을 이용해서 랜선 오디트 '크로싱'을 운영하고 있다. 공공기관 전용인 '온-나라 PC 영상 회의' 시스템을 활용해서 교차 감사를 진행하고, 감사 시작 전, 사전 점검 내용과 유사 사례 처리 결과를 공유하면서 감사를 진행한다.

　비대면 감사 증거 서류(확인서 등) 징구로 업무 간소화를 이끌기 위해 감사 증거 서류 전자 인증 체계, 랜선 오디트 '이-사이닝'을

종합 감사 사업소를 대상으로 준감사인(S-Auditor)을 통해 랜선 오디트 '프로빙'을
진행하고 있다.

이-사이닝 변경 내용

구분	현행	변경
사업소	확인서 작성 ↓ 본인 서명 제출 (이메일, 메신저)	확인서 작성 ↓ 본인 서명 제출(랜선 오디트 시스템)
감사실	수신(이메일, 메신저) ↓↑ 내용 확인 후 수정 요청(이메일, 메신저) ※ 지속적인 반복 업무 수행 (사업소 제출 → 감사실 수정 요청 → 사업소 제출…)	수신(랜선 오디트 시스템) ↓ 내용 확인 및 수정 요청 동시 진행 (랜선 오디트 시스템) ↓ 접수(전자 인증 이-사이닝)

운영하고 있다. 이것은 랜선 오디트 영상 회의 시스템으로, 증거 서류 제출부터 전자 인증을 통한 접수 및 확인까지 비대면 페이퍼리스(Paperless) 업무를 도입하였다.

랜선 오디트 종료

감사 결과를 공유하고 업무상 건의 사항 등의 청취를 비대면으로 진행하는 비대면 감사 종료 회의인 랜선 오디트 '클로징'을 진행함으로써 감사 대상 사업소와의 랜선 오디트가 끝난다.

감사 종료 이후에는 감사 결과 심의위원회를 여는데, 감사 인력과 심의위원 간 비대면·비접촉 방식으로 '컨퍼밍'을 진행한다. 감사반원과 심의위원이 물리적으로 분리된 상태에서 감사 결과 심의위원회를 운영하는 것이다. 이때 감사반원은 본사 6층 랩센터를, 심의위원은 12층 감사실 회의장을 이용한다. 이 과정을 통해,

감사 결과 심의위원회(컨퍼밍) 진행 장면

참석자 간 감염 위험을 줄일 뿐만 아니라 객관적 심의 분위기를 조성하여 감사 결과 처리의 공정성을 확보하고 있다.

감사 결과 관리

랜선 오디트에서는 감사 결과 지적된 사항의 재발 방지 등 감사 이후의 체계적 관리에도 역점을 두고 있다. 이 과정도 비대면으로 진행되는데, 감사 후 온라인 교육을 시행하는 '매니징'을 지속적으로 시행하고 있다. 이를 통해 감사인의 전문성을 강화하고 실무자 간 업무 교류를 활성화해나가고 있다.

해외 사업장 감사

해외 사업장도 지난 2020년 9월 인도 사업소에 대한 랜선 오디트 시행을 통해 비대면 감사 진행이 가능함을 확인하였다. 다만 해외 감사 시 몇몇 문제점들이 발견되었는데, 이를 해소할 수 있도록 개선 방안을 궁리하고 있다. 해외의 경우, 국가별 시차 문제 및 영상 회의의 원활한 사용을 위한 인터넷 속도 등이 감사 가능 여부의 주요 기준임을 확인했다.

한전KPS 감사실은 포스트 코로나 시대를 대비한 비대면 감사 시스템의 효율적 운영에 매진해왔다. 본사에 랩센터를 구축하고 랜선 오디트라는 비대면 감사 시스템을 도입하여 적극 운영하였고, 진행 과정에서의 문제점은 사소한 것이라도 해결하고자 노력했다. 이러한 과정을 거쳐 감사의 충실성을 기하면서도 100% 비대면으로 종합 감사를 수행하였고, 효율성 확대, 비용 절감 등의 부대 효과 또한 가져왔다. 코로나19가 극복된 이후에도 비대면 감사의 효율적인 시스템은 적극 활용될 것이며, 이는 감사 업무 혁신의 중요한 방향타가 될 것이다.

비대면 감사
고려 사항

혁신의 이정표

한전KPS 감사실은 비대면 감사 시스템 '랜線 Audit'를 도입하여 수행하면서 예기치 않은 여러 가지 난관에 부닥쳐야 했다. 특히, 국내 공공기관에서는 참고할 만한 추진 사례를 찾을 수 없는 상황이었기에 크고 작은 사안을 처음부터 직접 만들고 대응해야만 했다.

"踏雪野中去 不須胡亂行 今日我行跡 遂作後人程(답설야중거 불수호난행 금일아행적 수작후인정)"이라는 유명한 글귀가 있다. 서산대사가 남긴 글을 백범 김구 선생이 친필로 써서 널리 알려졌다. 굳이 풀이하자면, "눈 내리는 벌판 한가운데를 걸을 때도 어지럽게 걷지 마라. 오늘 걸어간 이 발자국들이 뒤따라오는 사람에게 이

정표가 된다"는 뜻이다.

비대면 감사 시스템을 고안하고 도입하면서 늘 이 글귀를 곱씹곤 했다. 랜선 오디트는 코로나19라는 초유의 상황에 맞서 찾은 불가피한 방안이지만, 지금 도입한 시스템이 회사 감사 업무의 미래로 이어질 뿐만 아니라 다른 공기업과 공공기관에도 깊은 영향을 끼칠 것이기 때문이다.

한전KPS 감사실 구성원들은 랜선 오디트 운영이 감사의 혁신 방향과 미래상을 제시하는 이정표가 될 수 있다는 생각으로 한 걸음 한 걸음을 신중하게 내딛어왔다. 그간의 추진 과정을 정리하면 다음과 같다.

2020년 04월 17일	비대면 종합 감사 시스템 구축 및 '언택트(Untact) 감사' 시행
2020년 04월 20~24일	국내 포천사업소 종합 감사 시행(비대면 50%+실지 50%)
2020년 06월 01~02일	해외 요르단 알마나커사업소 비대면 종합 감사 시행
2020년 06월 23일	'랜線 Audit' 절차 수립(매뉴얼 제정)
2020년 07월 06~10일	국내 하동사업처 비대면 종합 감사(1차 미비점 개선 사항 적용)
2020년 07월 09일	랜선 오디트 확대 및 자진 신고 제도 활성화
2020년 07월 13일	랜선 오디트 확대, 2020년 하반기 종합 감사 일정 조정
2020년 07월 20~24일	국내 울산사업처 종합 감사 시행(비대면 80%+실지 20%), 동서발전 교차 감사
2020년 07월 20일	상임감사와 소통하고 현장과 공감하는 비대면 감사 프라이밍 시행
2020년 08월 10일	랜선 오디트 감사장 시설 개선 요청
2020년 08월 20일	랜선 오디트 매뉴얼 개정
2020년 08월 24~28일	국내 삼천포사업처 종합 감사 비대면 현장 점검 시행
2020년 08월 25일	준감사인(S-Auditor) 선정 알림

2020년 08월 27일	디지털 뉴딜 시대를 선도하는 랜선 오디트 운영 체계 강화 방안 확립
2020년 08월 31일	랜선 오디트 교차감사(Crossing) 시행
2020년 09월 01일	비대면 감사(랜선 오디트) 인력 지원 협조 요청(한수원 감사실)
2020년 09월 02일	랜선 오디트 전용 랩센터(L.A.B. Center) 오픈 행사, 시행 계획 보고
2020년 09월 03일	상임감사와 준감사인이 함께하는 랜선 톡톡(Talk Talk) 시행
2020년 09월 07일	랩센터 현판식 및 비대면 감사 설명 및 시연
2020년 09월 07~11일	당진사업처 종합 감사, 공사 관리 분야 전문 감사 인력
2020년 09월 07~11일	국내 보령사업처, 당진사업처 비대면 종합 감사 시행, 한수원 교차 감사
2020년 09월 14일	소통 감사 실현을 위한 랜선 오디트 리스닝 시행
2020년 09월 16일	랜선 오디트 매뉴얼 개정(크로싱, 매니징)
2020년 09월 16일	랜선 오디트 관련 화상 회의(2020년 03차 사업소 자체 감사 기구 화상 회의) 시행
2020년 09월 17일	감사 증거 디지털화를 위한 랜선 오디트 이사이닝 시행
2020년 09월 21~25일	인도 바브나가르사업소 비대면 종합 감사 시행
2020년 09월 21일	랜선 오디트 매뉴얼 5차 개정
2020년 09월 23일	랜선 오디트 매뉴얼 6차 개정
2020년 09월 23일	감사결과 심의 투명성 확보를 위한 랜선 오디트 컨퍼밍 시행
2020년 09월 28일	랜선 오디트 매뉴얼 7차 개정
2020년 10월 08일	랜선 오디트 매뉴얼 8차 개정
2020년 10월 12~16일	국내 서인천사업처, 영흥사업처 비대면 종합 감사 시행
2020년 10월 14일	랜선 오디트 관련 화상 회의(2차) 시행
2020년 10월 15일	상표권(랜선 오디트) 등록 출원
2020년 10월 19일	랜선 오디트 랩센터 쉐어링 시행
2020년 10월 21~22일	랜선 오디트 매니징 기술 분야 감사 인력 교육 시행
2020년 10월 22일	랜선 오디트 매뉴얼 9차 개정
2020년 10월 26~30일	국내 월성1사업처 비대면 종합 감사 시행
2020년 11월 02~06일	국내 한울2사업소 비대면 종합 감사 시행
2020년 11월 16일	랜선 오디트 아이스브레이킹 & 다가온(茶加溫) 시행
2020년 11월 23일	랜선 오디트 관련 화상 회의(3차) 시행

2020년 11월 23~27일	해외 우루과이 티그레사업소 비대면 종합 감사 시행
2020년 12월 07~11일	국내 IPP사업센터 비대면 종합 감사 시행
2020년 12월 10일	랜선 오디트 특허 출원
2020년 12월 14일	랜선 오디트 관련 화상 회의(4차) 시행
2020년 12월 14일	랜선 오디트 매뉴얼 10차 개정
2020년 12월 22일	랜선 오디트 매뉴얼 저작권 등록
2020년 12월 28일	감사 만족도 설문 조사 랜선 오디트 어셉팅 시행
2021년 01월 04~08일	국내 플랜트서비스센터 공감형 비대면 종합 감사 시행
2021년 01월 06일	랜선 오디트 매뉴얼 11차 개정
2021년 01월 25~29일	국내 화성사업소 공감형 비대면 종합 감사 시행
2021년 02월 01~05일	국내 일산사업소 비대면 종합 감사 시행
2021년 03월 8~12일	국내 인천사업소 공감형 비대면 종합 감사 시행

이러한 진행 과정에서 사소한 개선점이라도 발견되면 이를 매뉴얼에 반영하여 시스템화하는 노력을 기울였다. 그 결과 2021년 3월까지 13차례의 운영 매뉴얼을 제·개정하여야 했다. 구체적인 개정 내용은 다음 표와 같다.

이렇듯 시스템을 지속적으로 개선한 결과 비대면 감사 시스템을 완비하여 코로나19 감염 가능성 제로화를 이룰 수 있었다. 더 나아가 감사 대상 사업장 축소 없이 감사 업무 정상 수행과 예산 절감이라는 효과도 누릴 수 있었다.

앞으로도 랜선 오디트 운영 체계를 확장하여 모든 감사 업무에 비대면 업무를 정착시킬 것이다. 그리고 운영 중 얻은 성과를 회사 업무 전반으로 확산시켜 코로나19 극복과 디지털 뉴딜 시대를 선도할 수 있도록 노력할 계획이다.

운영 매뉴얼 제·개정 내용

차수	승인 일자	제·개정 내용	제·개정 사유
1	2020.06.23.	랜선 오디트 매뉴얼 제정	랜선 오디트 절차 수립
2	2020.08.20.	프라이밍 수행 방안 반영 등	랩센터 구축으로 업무 절차 개선 필요
3	2020.08.27.	랜선 오디트 운영 체계 강화 방안 확립 (코칭, 프로빙, 클로징)	상황별 감사 수행에 따른 운영체계 보완
4	2020.08.31.	비대면 교차 감사 크로싱 시행 등	비대면 감사 시스템 활용, 자체 감사 활동 내실화
5	2020.09.09.	감사 사후 관리 매니징 방안 반영	체계적 관리로 사전 예방 감사 강화 필요
6	2020.09.22.	랜선 오디트 시스템 연결 설정 방법 등 개선 사항 반영	국내 랜선 오디트 수행 시 미흡 사항(연결 불안정 등) 개선
7	2020.09.24.	비대면 쌍방향 소통 환경 구축, 리스닝 시행	비대면 감사 시 사업소 공감 창구 확대 필요
8	2020.09.28.	감사 증거서류 전자인증 체계, '이사이닝' 운영	감사 증거 서류 간소화 및 디지털화 필요
9	2020.10.08.	감사 결과 심의위원회 비대면·비접촉 컨퍼밍 운영	감사 결과 처리의 공정성 확보 방안 마련
10	2020.10.22.	해외 비대면 감사 시 인터넷 사용 환경 개선 절차 등 내용 반영	해외 랜선 오디트 수행 시 영상회의 시스템 연결 설정 보완 필요
11	2020.12.14.	비대면 감사의 감성을 더하는 아이스 브레이킹, 다가온(茶加溫) 등 절차 반영	비대면 감사 시 효율적인 업무 개선 방안 마련
12	2021.01.06	감사 만족도 조사 어셉팅 시행	랜선 오디트 수행 후 감사 만족도 조사 시행
13	2021.03.26.	랜선 오디트 운영자 매뉴얼 제정 어셉팅-종합 감사 만족도 조사 설문지 내용 변경 이사이닝 스탬프 및 설정 변경	랜선 오디터 운영자 매뉴얼 반영 어셉팅-종합 감사 만족도 조사 반영 및 문항 축소 이사이닝 스탬프(랩센터) 반영 및 설정 변경

다가온(茶加溫) 티타임 진행

소통 활성화

감사 현장은 그 속성상 경직되기 마련이다. 이것은 비대면 감사라 하더라도 예외가 아니다. 더구나 얼굴을 맞대는 스킨십 없이 인터넷을 통해 서류가 오가고 비대면 대화가 이루어질 때는 오히려 감사의 긴장감과 경직성이 더 커지기 마련이다. 한전KPS 감사실은 랜선 오디트를 수행하면서 이런 감사의 경직성을 극복하고 원활한 소통이 이루어지기를 바랐다.

일방적으로 현장을 감사하는 방식이 아니라, 감사를 통해 사내 소통이 활발해지도록 의도했으며 이 부분에서도 의미 있는 성과를 거두었다. 랜선 감사를 진행하면서 소통 창구 확대를 위한 '랜선 오디트 리스닝(Listening)'을 시행하였는데 사업장의 현안에 대해 경청하고 적극 수렴하여 개선 필요 사항이 있으면 주관 부서와 협의하는 등 컨설팅 감사에 반영하였다.

한전KPS 감사실은 랜선 감사를 시행하며 발전시키는 과정에서 이러한 소통을 더욱 따뜻하고 정감 있게 만들 방법을 궁리하였고, 남미 우루과이 사업소 화상 감사 때부터 '다가온(茶加溫)'이라는 비대면 티타임을 시행하게 되었다.

감사실에서는 랜선 감사를 시작하기 전에 감사를 받는 사업장에 다도 세트와 본사가 있는 나주 인근 지역의 특산물을 보내어 프라이밍(Priming)과 리스닝(Listening)이 진행되는 소통의 자리에 활용할 수 있도록 했다. 이런 장치를 통해 자칫 경직될 수 있는 비대면 감사에 온기를 불어넣고 감성적 요소가 반영될 수 있었다. 감사를 받는 사업소·지사는 물론 감사를 진행하는 감사실 직원들의 호응이 좋았으며 감사 성과가 향상되었다.

감사 평가와 사후 관리

2021년 5월 현재, 한전KPS의 비대면 감사 시스템 랜선 오디트는 1년여의 시간을 거치며 발전을 거듭하였다. 이 과정에서 발견된 작은 문제점 하나도 놓치지 않고 반영함으로써 완성도를 높여왔다. 감사 평가와 사후 관리에 있어서도 만전을 기하고자 했다. 감사가 끝난 후 체계적인 설문 조사를 통해 보완 사항을 발견하고, 이를 시스템에 반영하고자 노력해왔다. 다음은 감사 평가를 위한 설문지이다.

종합 감사만족도 조사 설문지

항목	전혀 아니다	아니다	보통이다	그렇다	매우 그렇다
■ 감사 계획의 적절성					
1 감사 대상 부서, 감사 기간 등은 적절히 선정되었다고 생각하십니까?	①	②	③	④	⑤
■ 사전예고의 시행					
2 감사실은 감사 계획 등을 감사 대상 부서에 사전 예고하여 대상 부서에서 충분히 감사 준비를 할 수 있도록 노력하였다고 생각하십니까?	①	②	③	④	⑤
■ 감사 수행의 적절성					
3 감사 절차, 방법, 적극 행정 면책 제도 등에 대한 홍보와 교육 등은 적절하였다고 생각하십니까?	①	②	③	④	⑤
4 우리 회사 감사실은 감사 중 발견된 지적 사항에 대한 근거(관련 법률, 규정, 운영 지침 등)를 적정히 구비·제시하여 공정하고 객관적인 처분·조치 요구를 수행하고 있다고 생각하십니까?	①	②	③	④	⑤
5 우리 회사 감사실은 실행 부서와 감사의 목적, 대상, 발견된 지적 사항, 처분 및 조치 요구 확정 등에 대해 충분한 의사 교환을 수행하고 있다고 생각하십니까?	①	②	③	④	⑤
■ 감사 결과의 적정성					
6 감사 수행 중 발견된 지적 사항은 타당하고 향후 업무 개선에 도움을 줄 것이라고 생각하십니까?	①	②	③	④	⑤
■ 감사 사후 관리 시행					
7 감사 처분·조치 요구에 대한 조치 결과 이행 여부 확인 등 사후 관리가 적정하게 이루어진다고 생각하십니까?	①	②	③	④	⑤
■ 비대면 감사 수행(랜線 Audit)					
8 올해 감사실에서는 코로나19로부터 안전성을 확보하며 디지털 뉴딜(Digital New Deal) 시대를 선도하기 위해 비대면 감사(랜線 Audit)를 공공기관 최초로 도입하였습니다. 비대면 감사 시스템(랜線 Audit)을 통해 감사가 효과적으로 진행된다고 생각하십니까?	①	②	③	④	⑤

■ 비대면 감사 수행(랜線 Audit)

	랜線 Audit의 절차 중 가장 잘 운영되고 있는 영역이 있다면 어떤 부분입니까?				
9	① 실행 부서와의 소통	② 감사 전문성 확보	③ 감사 수행	④ 감사 결과 확정	⑤ 사후 관리
	Priming (상임감사 참여) Listening (양방향 소통)	Coaching (전문 인력 참여) Crossing (타 기관 전문가 참여)	Probing (현장 점검) e-Signing (증거 징구)	Closing (강평) Confirming (결과 심의)	Managing (사후 관리)

	랜線 Audit의 절차 중 개선이 필요한 영역이 있다면 어떤 부분입니까?				
10	① 실행 부서와의 소통	② 감사 전문성 확보	③ 감사수행	④ 감사 결과 확정	⑤ 사후 관리
	Priming (상임감사 참여) Listening (양방향 소통)	Coaching (전문 인력 참여) Crossing (타 기관 전문가 참여)	Probing (현장점검) e-Signing (증거징구)	Closing (강평) Confirming (결과 심의)	Managing (사후 관리)

■ 종합 감사 만족도

		① 매우 불만족	② 불만족	③ 보통	④ 만족	⑤ 매우 만족
11	종합 감사와 관련하여 계획, 실시 등 전 과정에 대해 전반적으로 얼마나 만족하십니까?					

■ 주관식 질문

12	객관식 질문에 대한 의견 혹은 내부감사 개선 필요 사항에 대한 추가 제언이 있으면 자유롭게 기술하여 주십시오.

※ 아래 질문은 통계 분석을 목적으로 드리는 설문 문항입니다.

1. 귀하의 직군은 무엇입니까? (   )

① 사무   ② 기계   ③ 전기   ④ 계측   ⑤ 특수

2. 귀하의 직급은 무엇입니까? (   )

① 1직급 이상   ② 2직급   ③ 3직급   ④ 4직급   ⑤ 5직급   ⑥ 6직급

3. 귀하의 소속 조직은 무엇입니까? (   )

① 본사   ② 화력   ③ 원자력   ④ 양수   ⑤ 송변전   ⑥ 해외   ⑦ 특수

4. 귀하의 우리 회사 근속기간은 무엇입니까? (   )

① 1년 미만   ② 1~5년 미만   ③ 5~10년 미만 ④ 10~20년   ⑤ 20년 이상

- 귀중한 시간을 내어 설문에 응답하여 주심에 깊이 감사드립니다. -

비대면 업무 문화 확산 및 정착

한전KPS는 코로나19라는 복병을 만났음에도, 감사 계획의 축소 없이 2020년 감사를 완수했다. 28회의 종합 감사 중 14회를 비대면으로 수행한 것이 주효했다. 그리고 해외 등 감사 사각지대를 해소할 수 있었다.

이런 성과를 인정받아 한전KPS의 비대면 감사 시스템 랜선 오디트는 2020년 12월에 열린 '2020년 한국 공공기관 감사인 대회'에서 '종합 부문 기관 대상'을 수상했다. 2020년 한 해에만 감사원, 한국전력공사, 한국동서발전, 한국철도시설공단, 한수원, 한국서부발전, 기술보증기금, 한국농수산식품유통공사, 전남교육

청 등 17개 기관과 자료 및 노하우를 공유하기도 했다.

아울러 한 건의 저작권과 아홉 건의 상표권, 한 건의 특허를 출원하였다. 이것은 독점적 지위나 재산상의 이득을 얻기 위한 것이 아니라, 체계적인 확산과 전파를 위한 것이다. 2020년 연말에는 랜선 오디트 특허 출원 보상금과 감사실의 자율적 후원금을 합한 금액을 아시아 여성 지원 시민단체에 기부하기도 했다.

나는 랜선 오디트가 구축한 성과가 회사 내외부에 공유되어 미래의 혁신 자원으로 널리 사용되기를 원한다. 먼저 한전KPS 내부적으로 비대면 감사를 위해 구축된 L.A.B.센터를 공유함으로써 코로나19 방역 강화와 비대면 회의문화 정착을 꾀하고 있다. 본사의 처·실이 비대면 회의 때 L.A.B.센터를 공유하는 '쉐어링'을 도입한 것이다.

감사실에서는 감사 일정을 검토한 후 L.A.B.센터를 이용하지 않는 날짜나 시간대에 최대한 타 부서에서 L.A.B.센터를 사용할 수 있도록 협조하여, 본사 부서와 사업소 간 비대면 회의, 교육, 사업소장 영상 회의 등에 활용한다. 이런 활동을 통해 비대면 업무 문화가 전사적으로 확산하는 효과를 기대하고 있다.

코로나19 팬데믹에 대응하는 우리 국민과 정부의 역량은 'K-방역'이라는 이름으로 높이 평가받고 있다. 한전KPS의 랜선 감사도 코로나 팬데믹 위기에 맞서는 과정에서 나왔다. 이 역시 혁신 사례 중 하나로 국내 공기업·공공기관뿐만 아니라 민간기업에도 널리 퍼지기를 소망한다.

　아울러 전 세계에 소개되어 국가 브랜드를 높이는 데 힘을 더하기를 희망한다. 그래서 랜선 감사에 대한 국제 표기를 'K–Virtual Audit(LANSeon Audit)'로 정하고 세계 감사인들의 국제 교류의 장에서 소개하려고 한다. 특별히 2021년 전반기에 개최될 싱가포르 세계감사인대회나, 2021년 가을 한국에서 열릴 예정인 아시아감사(위원)포럼에서 'LANSeon Audit'를 발표하는 자리를 마련할 계획이다. 이렇게 함으로써 대한민국이 포스트 코로나 시대에서도 감사 분야의 세계적 선도자로서 독창적 위상을 확보하고자 한다. 우리의 감사 기법이 'K–Audit'로 전 세계에 널리 알려지기를 기대한다.

감사 혁신을 위한
학습조직 구축

혁신의 한 계단을 오르며

'랜선 감사'라는 비대면·비접촉 언택트 감사로의 전환을 통해 코로나19 확산을 막기 위한 사회적 거리 두기 정책에 부응하면서도 감사 기능을 더욱 강화하는 성과를 얻을 수 있었다. 이것은 의미가 큰 진전이라 자부한다. 랜선 감사(Audit) 시스템을 벤치마킹하려는 공기업·공공기관의 문의도 계속되고 있다.

선례가 없는 일에 대한 과감한 도전이었다. 화상 회의나 원격 교육을 위한 몇몇 소프트웨어가 활용되고 있지만, 그것을 보안을 요하며 매우 예민한 사안을 다루는 감사에 활용하는 것은 차원이 다른 문제였다. 하드웨어와 소프트웨어 선택에서부터 감사를 위한 전용 공간(L.A.B. Center) 설치에 이르기까지 밑바닥부터 연구하여 사전 모의 테스트와 시행착오를 거듭하며 지금에 이를 수 있었다. 그 과정에서 랜선 감사 운영 매뉴얼을 13차례나 개정하면서 발전시켜나갔다.

화상 감사를 위한 완벽한 솔루션 패키지가 갖추어져 있었다 하더라도 어려움은 덜하지 않았을 것이다. 감사실과 수감 사업소의 직원들이 이를 능숙하게 활용하려면 상당한 노력과 시간이 들어가야 한다. 실제 감사 수행 중 생기는 변수 중에는 미처 생각하지 못했던 종류의 것들이 많다. 보안 문제 등 고려해야 할 사항도 한두 가지가 아니다.

이런 갖가지 난관을 헤치고 랜선 감사를 정착시킨 감사실 직원들과 각 사업소 현장의 직원들에게 고마운 마음이다. 하지만 이것으로 감사실의 발전 목표를 완벽히 달성했다고 생각하진 않을 것이다. 감사 혁신을 위한 한 계단을 올랐을 뿐이다. 앞으로 더 올라가야 할 계단이 많다.

학습조직 구축

공기업 최초로 화상 감사를 도입하는 난제를 수행하면서 한전 KPS 감사실은 기대하지 않았던 큰 열매를 수확할 수 있었다. 그것은 학습조직으로의 변모이다. 세계적 경영학자인 MIT의 피터 센게(Peter Michael Senge) 교수는 "조직원들이 진정으로 원하는 성과를 달성하기 위해 끊임없이 역량을 확대하고, 새롭고 포용력

학습에 열중하는 한전KPS 감사실 구성원들

있는 사고 능력을 함양하며, 집중된 열의가 자유롭게 설정되고, 학습 방법을 공유하면서 지속적으로 배우는 조직"을 학습조직이라 명명했다.

학습조직이라고 하면 정기적으로 책을 읽거나 강의를 들으면서 공부하는 프로그램을 떠올리는 사람도 있지만, 경영학에서 다루는 학습조직은 이와는 거리가 멀다. 진정한 학습은 책이 아니라 현장에서 이루어지기 때문이다. 업무를 수행하면서 경험을 통해 지식이 생기고 이것을 조직 내에서 공유하면서 축적해나간다. 때로는 실패를 통해서도 많은 것을 배운다. 이렇게 쌓인 지식을 통해 조직의 역량이 한 단계 성장하고 다시 더 어려운 과제에 도전하면서 부단한 학습을 해나가는 선순환이 반복되는 것이 학습조직의 특징이다.

한전KPS 감사실 구성원들은 랜선 감사 도입과 정착을 위해 엄청난 공부를 해야 했다. 자료를 조사하고, 실제 적용하면서 오류를 고치는 등 경험 학습을 통해 역량을 쌓았다. 그 과정에서 명시지(明示知)뿐만 아니라 암묵지(暗默知)를 체득하게 되었다. 우리의 랜선 감사 과정을 몇 페이지짜리 매뉴얼로 만들 수 있지만, 그 행간에는 글로 표현될 수 없는 많은 경험적 노하우가 숨어 있다. 그래서 매뉴얼을 완벽하게 숙지하더라도 깊은 내용까지 체득하기가 쉽지 않을 수 있다.

랜선 감사를 추진하면서 모의 테스트를 반복해서 수행했다. 그 결과 감사실과 수감 사업장의 화상 감사 전용 공간에서 갖추어야할 하드웨어 스펙을 구성할 수 있었고, 소프트웨어 환경도 최적화하게 되었다. A 소프트웨어 사용이 원활하지 않을 때는 B 소프트웨어, 네트워크 환경이 좋지 않은 해외 사업장에서는 C 소프트웨어 등과 같이 상황별 시나리오를 갖추게 되었다.

미세한 주의 사항도 발견되었다. 예를 들어 USB 헤드셋 등을 사용할 때 USB 허브 장치에 꽂으면 음질이 떨어지기에 PC에 직접 연결해야 함을 알게 되었다. 자주 일어나는 인터넷 접속 장애의 원인과 해결책도 다양한 케이스로 나누어 정리할 수 있었다. 화상 감사 인터뷰 과정에서 몸동작이나 언어 습관이 장애가 되는 지점도 파악했다. 감사 중 업무상 비밀, 개인정보 등이 유출될 위험이 있는 부분도 눈에 들어왔고, 어떻게 예방할 수 있는지도 파악했다.

이렇게 얻은 정보를 바탕으로 화상 감사 매뉴얼을 만들었다. 영상 회의 프로그램을 조작하는 방법을 프로그램 다운로드와 설치부터 시작해 세세한 단위로 나누어 설명했고, PC, 마이크 등을 설정하는 방법, 문서를 업로드하면서 공유하는 방법과 현장에서 작성하는 방법 등도 과정 전체를 빠뜨림 없이 기록하였다. 보안을 위한 행동 요령도 하나하나 담았다. 그래서 수감 사업소가 큰 혼란 없이 화상 감사를 수행할 역량을 갖게 되었다. 실천적 학습과 지식 공유를 통해 조직의 능력이 향상되는 경험을 한 것이다.

더 큰 혁신을 위해

랜선 감사를 처음 도입하자는 아이디어를 내놓았을 때, 부정적인 시각도 존재했다. IT 지식이 부족한 우리 회사가, 갖춰진 솔루션도 없고 벤치마킹할 대상도 없는 도전적 과제를 과연 잘 수행할 수 있을지 회의적으로 바라보는 사람이 있었다. 특이한 것은 실행 부서 직원들보다 감사인들이나 감사실 출신 직원들이 더 회의적이었다는 사실이다. "어떻게 그게 가능하겠느냐?", "한계가 있지 않겠느냐?" 등등 실제 감사 업무를 해봤기에 실질적 어려움을 예상했던 것이다. 그리고 대면 조사에 익숙한 문화적 관성도 이런 비관적 전망에 영향을 준 듯했다. 또 설령 감사실에서 공들여 시스템을 구축한다고 하더라도 사업소에서 이를 잘 받아들이고 활용하게 만들 수 있을지 의구심을 표현하기도 했다.

그러나 지금 그런 회의적인 시각은 없다. 난제에 부닥쳐서 도전하고 역량을 쌓으면 혁신에 도달할 수 있다는 사실을 경험을 통해 생생하게 체득했기 때문이다. 학습조직이 자리를 잡으면 그 구성원들은 혁신을 두려워하지 않는다. 배우고 도전하며 성장하는 것의 가치를 잘 안다. 우리는 앞으로 감사 혁신을 위한 또 다른 도전에 즐겁게 나설 것이다.

사람이 끊임없이 공부해야 하는 이유는 세상이 급속도로 변하기 때문이다. 과거의 지식과 경험만으로는 변화된 세상을 헤쳐나갈 수 없다. 감사의 영역도 마찬가지일 것이다. 우리 사회가 감사에게 요구하는 역할이 커졌으며 감사의 대상이 되는 행동의 유형도 다양해졌다. 비위의 범위와 경계가 흐릿해졌으며 그것을 감추는 요령이 세련되어졌다. 때로는 기발한 첨단 기법이 동원된다. 위기의 유형과 형태, 발생 가능한 지점도 훨씬 늘었다. 일상적으로 감사해야 할 곳은 늘어나고 시간이 부족해진다. 감사의 기능이 더 커지지만, 감사를 수행하기는 더 어려워진다.

이런 상황에서 감사는 혁신할 수밖에 없다. 부단히 학습하며 역량을 쌓고 앞으로 나아가야 한다. 그래야 지금의 세상이 우리에게 요구하는 역할을 제대로 수행할 수 있을 것이다.

감사와
첨단 기술

한국판 뉴딜

세계적 저성장 추세와 코로나19라는 위기를 돌파하고 한국 경제를 살리는 방안으로 정부는 '한국판 뉴딜'을 천명했다. 한국판 뉴딜을 통해 코로나19 위기를 극복하는 동시에 일자리를 만들어내고, 나아가 코로나19 이후 글로벌 경제를 이끌어가는 선도 국가로 도약하는 대전환의 발판을 만들겠다는 포부를 밝힌 바 있다.

한국판 뉴딜은 안전망 강화 토대 위에 디지털 뉴딜과 그린 뉴딜이 두 축을 이루고 있는 구조다.

이를 통해 궁극적으로 추격형 경제에서 선도형 경제로, 탄소의존 경제에서 저탄소 경제로, 불평등 사회에서 포용 사회로 전환을 이뤄내고자 한다.

이를 위해 2025년까지 총 160조 원(국가 예산은 114조 원)을 집중 투자해 190만 개의 일자리를 창출하고, 신시장과 민간 수요 창출을 견인한다는 목표이다. 디지털·그린 경제로의 전환을 위한 제도적 기반 구축과 규제 개선도 병행하여 후속 대규모 민간 투자와 혁신을 끌어낸다는 계획도 밝혔다.

공기업인 한전KPS도 정부의 선도 아래 디지털·그린 뉴딜에 적극 참여하고 있다. 2020년 10월에는 중장기 감사 전략을 재수립하여 정부 정책과 연계한 과제를 재설정하였다.

또한, 상임감사의 경영 제언을 통해 회사의 기술 개방 방향을 점검하고 기관 뉴딜 정책 수립을 제언했다. 구체적으로는 공공기관 최초로 수소 관용차를 도입함으로써 그린 뉴딜에 참여했고, 컨설팅 감사를 통해 채용 과정에 인공지능을 도입한 시스템을 구축함으로써 실천에 나서고 있다.

나는 상임감사로서 한국판 뉴딜 관련 역량을 강화하는 개인적 노력도 하고 있다. 글로벌사이버대학 AI융합학과 정규 과정에 등록하고 1년에 약 70시간 정도의 인공지능 융합에 관한 전문적인 강의를 수강하고 있다. 또한, 원자로 자동 초음파 검사 로봇 기술을 가상 체험하고 초경량 비행 장치 조종자 양성 과정을 수료하고 자격을 취득했다. 그리고 한국감사협회, 청렴사회민관협의회, 각종 감사협의체 등 주요 회의에 참석하면서 시대 흐름을 놓치지 않기 위해 노력하고 있다.

감사 영역으로 들어온 4차 산업혁명

2106년 세계경제포럼(다보스포럼)에서 중요 의제로 채택하면서 세상에 널리 알려진 '4차 산업혁명(The fourth industrial revolution)'은 이 시대를 상징하는 아이콘이 되었다. 산업 현장은 물론 일상생활 깊숙한 곳까지 4차 산업혁명의 신기술이 들어와 현란한 변화를 촉진하고 있다. 인공지능, 로봇, 자율주행차, 드론, 빅데이터, 클라우드, 사물인터넷, 5G, 3D프린터 등은 이미 익숙한 용어가 될 정도로 사회 각 영역으로 파고들었다. 우리가 누리는 생활의 편의와 코로나19 이후 확산된 언택트 문화는 4차 산업혁명에 의존한 바가 크다.

나는 감사 분야에 4차 산업혁명의 첨단 기술이 접목될 여지가 크다고 생각하는데, 아직 그 적용 범위와 정도는 미미한 수준이다. 대규모 회계법인과 소프트웨어 기업들을 중심으로 시도되고 있는데, 실험적인 단계에 머무르고 있는 것으로 보인다. 감사 분야 특유의 비밀스러움과 폐쇄성이 그 원인일 수도 있다. 하지만 기술의 유용함으로 볼 때 머지않아 감사 분야에 첨단 기술이 유용하게 쓰일 수 있다고 판단하고, 주의 깊게 살피며 여러 가지로 공부하고 있다.

4차 산업혁명 첨단 기술이 감사 분야에 활용되는 사례는 인공지능, 로봇 프로세스 자동화(RPA), 드론, 블록체인 등에서 나타난다. 그중에서 RPA(로봇 프로세스 자동화)의 감사 활용은 효율성 면에서 큰 가능성을 보인다.

예를 들어, 감사 과정에서 계약서와 매출·매입 전표에 나타난 사업자등록번호를 보고 그 회사가 실제 영업 중인지, 휴·폐업 상태는 아닌지 등을 점검한다고 하자. 사람이 서류를 일일이 뒤져 가며 국세청 시스템에서 한 건 한 건 검색하는 것은 품이 매우 많이 드는 일이다. 보통 전수 조사를 하지 못하고 표본을 추출해 조사하는 것으로 그친다. 하지만 RPA는 24시간 쉬지도 지치지도 않고 실수 없이 이 작업을 끝낸다. 매우 효과적이다.

감사에서 시간이 많이 들어가는 단순하고 정형화된 업무는 RPA가 수행하고 감사 인력은 분석·판단 등 중요한 영역에 집중함으로써 감사의 효율성을 높일 수 있다는 점에서 RPA는 매우 유용할 것으로 보인다.

몇몇 글로벌 기업의 감사 현장에는 드론이 출현하기도 했다. 사업장 시설물 상태를 점검하고 재고를 파악하는 데 유용하게 활용된다. 광활한 지역에 산재된 석탄 재고를 드론이 단 30분 만에 실사한 사례가 보고되기도 했다. 그 밖에도 감사를 지원하고 거래 투명성을 높이는 데 블록체인 활용 솔루션이 출시되어 있다.

인공지능 활용 가능성

나는 감사에서 인공지능 활용 가능성에 주목하고 있다. 100페이지짜리 사업 계약서를 읽고 분석하는 데 사람은 몇 시간이 걸리지만, 인공지능은 몇 분 만에 끝낸다. 계약서, 주문서, 사업 계획서 등의 문서와 이미지에 나타난 광범위한 데이터를 분석하면서 패턴을 찾아내어 왜곡이나 위험 징후를 식별하고 포착한다.

이렇듯 인공지능을 이용한 감사는 데이터 분석과 인지 기능을 통합하여 감사의 정밀함, 통찰력, 정확성을 높이는 데 도움을 주고 패턴 지표를 바탕으로 한 왜곡과 위험 징후를 분석함으로써 판단력을 한층 강화해줄 것이다.

나는 우리 회사 감사실에 'AI 감사'를 다음 과제로 제시하고 이에 대한 구체적인 연구를 지시한 바 있다. 앞에서 이야기했듯이 채용 과정에서 인공지능을 활용하는 시스템을 컨설팅 감사 방식으로 도입 건의하였으며, 감사 현장에 인공지능을 접목시키고 있다. 특히 각종 서류를 검토할 때 패턴을 도출하고 비위 가능성을 발견해내는 등의 섬세한 분석과 판단 영역에 인공지능을 활용하기 시작했다.

현재 시작 단계이지만, 앞으로 인공지능 등 첨단 기술을 감사 현장에 적극 활용함으로써 감사의 품질을 높이고 효율성을 강화하는 혁신 활동을 끊임없이 해나갈 계획이다. 이것은 단기간에 완성될 일은 아니기에 장기적으로 연구하고 추진해가야 한다고 생각한다.

2

미래 지향적
감사 혁신

소통하는
컨설팅 감사

사후 적발에서 사전 예방으로

'감사'라고 하면 대개는 이미 수행한 일에 대해 오류나 잘못을 적발하여 책임을 묻고 징계를 하는 것이라 생각하는 것이 일반적이다. 실제 감사 현장에서도 사후 감사가 주를 이루기에 이런 생각이 완전한 오해라고 하기 어렵다.

그러나 사후 감사가 감사의 전부는 아니다. 사전 감사(컨설팅)가 가능한 영역이 크며, 이를 통해 예방적 기능을 발휘하며 감사의 의의를 더 잘 실현할 수 있다.

공적 조직에 소속된 사람들은 업무를 수행할 때 감사를 의식하기 마련이다. 우리나라 공무원과 공공기관·공기업 직원들이 적극적으로 업무 처리를 하지 않는 이유 중 하나가 사후 감사에 대한 우려이다. 즉 사후 감사를 우려하여 업무에 소극적으로 대응할 수밖에 없는 측면도 있는 것이다.

행정과 공공사업은 점점 더 복잡화·전문화되고 있다. 공적 조직에서 일하는 사람들은 업무상 성과의 책임과 함께 절차적·민주적 책임까지 져야 하는 가치 충돌 상황(Values collision)에 처한다. 더욱 움츠러들 수도 있는 처지이다.

공적 조직 구성원이 적극적 일 처리에 따른 불이익을 우려하고 사후적 처벌 위주의 감사를 두려워하는 사회 분위기에서는 효율적이고 혁신적인 시도를 기대하기 어렵다. 그래서 2014년 도입된 것이 '사전 감사(컨설팅) 제도'이다. 현재는 정부 부처와 지방자치단체, 공공기관, 공기업에 폭넓게 도입된 상태이다. 감사원에서도 이 제도의 확산을 권하고 있다.

감사 방법을 사후 적발에서 사전 예방 중심으로 전환하고, 사전 컨설팅을 통해 공적 기관 종사자 개인이 전적으로 책임을 지도록 하지 말고 위험을 분담함으로써 적극적인 업무 수행을 촉진하자는 것이 제도의 취지이다.

감사 제도 운용을, 업무의 계획 단계부터 개입하여 잘못된 방향으로 나아가는 것을 예방하고, 시행 단계에서도 적기에 방향을 바로잡는 것으로 중심 이동을 하여 사후적 적발·처벌보다는 사전 예방 기능 수행에 노력하자는 내용을 담고 있다.

고객에 대한 컨설팅 차원으로 나아가야

감사를 두려워하는 사람들이 오히려 감사 제도를 '이용'하도록 만드는 것이 사전 감사(컨설팅) 제도의 목적이다. 이는 또한 감사가 지향해야 할 미래상이기도 하다.

사전 감사(컨설팅)가 문화로 자리 잡기 위해서는 감사를 편하게 찾아가 의논할 수 있는 환경이 조성되어야 한다. 현재 형성된 감사의 이미지, 즉 피하고 싶고 가능한 한 만나지 않기를 바라는 존재에서 친근한 이미지로 변화해야 한다. 문턱이 낮아야 하고 소통하는 감사가 되어야 한다.

우리나라에는 감사를 받는 사람을 수감인(受監人), 피감사인(被監査人) 등으로 부른다. 감사 대상(Auditee)이라는 점에서 부정적인 뉘앙스가 느껴지는 용어이다. 그런데 선진국 기업들에서는 피감사인들에게 고객(Client)이라는 용어를 사용하는 경우가 많다.

실행 부서 직원들은 단순히 감사를 받는 대상이 아니라 조직의 목표를 달성하기 위해 함께 일하는 협력자이며 파트너이고 고객이다. 감사 기능이 건강하게 발전하며 조직에 활력을 불어넣기 위해서는 감사 부서가 실행 부서와 잘 소통하며 좋은 관계를 유지하여야 한다. 이런 가운데서 건강한 조언을 제공할 수 있고 실행 부서도 흔쾌히 감사 부서의 조언을 수용할 수 있다.

사실 컨설팅은 본질적으로 감사의 중요한 역할이기도 하다. 하지만 감사 부서에 대한 두려움과 거부감이 강한 문화 때문에 제대로 이루어지지 않고 있다. 혹은 감사 부서가 컨설팅을 수행할 전문성을 갖추지 못해서 현실화되지 않는 경우도 있다. 그래서 적발과 통제에 더 집중하는 악순환이 벌어지기도 한다.

감사는 이미 발생한 사건을 발견·조사하고 관련자를 징계하는 데서 더 나아가야 한다. 다양한 조언과 지도를 통해, 오류나 비위 등 원치 않는 사건이 발생하지 않고 그 대신 원하는 일, 목표로 삼은 일, 기대하던 일이 발생하도록, 시스템이 개선되도록 유도하는데 역량을 기울일 필요가 있다.

컨설팅 감사를 통한 근태 관리 시스템 도입

언론에서 공무원들이 야간 근무를 신청한 후 한 사람이 여러 명의 출입 카드를 찍어서 초과 근무 수당을 부정하게 수령한 일이 보도된 적이 있다. 민간기업에서는 초과 근무 수당을 받기가 쉽지 않고, 중소기업에는 아예 없는 경우도 많기에 국민은 이런 보도를 접하며 박탈감을 느낀다. 특히 국민의 혈세로 급여를 받는 공무원이 이런 행동을 하면 공분을 불러일으키기에 십상이다.

2018년 10월 국정감사에서 우리 회사는 중요한 지적을 받았다. 초과 근무 기록과 발전소 출입 기록을 대조해보았더니, 실제 업무를 하지 않고 초과 근무 수당을 받은 것으로 보이는 정황이 광범위하게 나온 것이다.

비위를 저지른 사람의 징계 등 사후 대책도 필요하지만, 회사 차원에서 초과 근무 수당 부당 수령을 원천적으로 막을 제도와 시스템을 도입하는 게 급선무였다. 이것이 이루어져야 진정한 후속 조치가 완결되는 셈이었다.

하지만 감사실에서 직접 이 일을 추진할 수는 없다. 감사실은 실행 부서가 아니기에 직접 사업을 벌이는 것은 적절하지 않다. 그래서 인사노무처에 조언하며 시스템 도입을 건의했다.

하지만 새로운 근태 관리 시스템은 계속 미루어졌다. 직원들의 이해관계, 정서, 관행과 민감하게 연결된 문제라 반발이 예상되었기 때문이다. 인사노무처는 필요성을 절감하면서도 서둘러 착수하지 못하는 곤란한 처지에 빠졌다.

인사노무처가 고심 끝에 근태 관리 시스템 도입을 위한 컨설팅 감사를 요청했다. 그래서 감사실이 구체적인 방안을 조언할 수 있는 근거가 마련되었다.

감사실은 다양한 근태 관리 시스템을 검토하기 시작했다. 출입 카드를 인식시키는 기존 근태 관리 시스템은 다른 사람이 소지하고 대리로 활용할 수 있어 문제의 소지가 컸다. 이를 방지하기 위해서는 당사자를 확인하는 게 관건이다. 그래서 가장 많이 활용되는 것이 지문이나 홍채 등 생체 인식 방식이다. 그런데 생체 인식 방식은 개인 신체 정보를 이용하는 것이기에 개인 정보 및 인권 침해 소지가 있다.

몇몇 지방자치단체와 공공기관에서 생체 인식 기반 근태 관리 시스템을 도입하고자 했지만, 프라이버시 보호를 명분으로 내건 직원들의 저항에 막혀 뜻을 이루지 못한 경우도 있었다. 국가인권위원회에서 한 지방자치단체 도로관리사업소가 출퇴근 관리용 지문 인식기를 운용하는 것이 개인 정보 자기 결정권을 침해한다고 판단하고 운영을 중지할 것을 권고한 일도 있다. 직원 동의 없이 지문 정보를 수집해, 지문 인식기로 출퇴근을 관리한 것은 개인 정보 보호법을 위반하며 헌법이 보장하는 개인 정보 자기결정권을 침해한다고 판단했다.

이런 해석에 의하면 지문이나 홍채 등 생체 정보 확보를 위해서는 직원 동의를 거쳐야 한다. 직원들이 반대하는 한 시스템의 존립 자체가 불가능하다. 그런 면에서 본인 확인을 철저히 하는 근태 관리 시스템을 도입하는 것은 불가능에 가까운 일로 보였다.

상황을 파악하고 연구를 거듭하면서 합리적인 방안을 찾아나갔다. 여러 가지 방식을 검토하여 최종적으로 비콘(Beacon) 장치를 이용한 근태 관리 시스템을 도입하기로 했다. 비콘은 근거리에 있는 스마트 기기를 자동으로 인식하여 필요한 데이터를 전송하는 무선 통신 장치이다. 블루투스 비콘(Bluetooth Beacon)이라고도 한다.

비콘을 활용하면 장점이 컸다. 첫째, 인권 침해 소지가 없었다. 개인 신체 정보를 수집하거나 등록할 필요가 없기 때문이다. 둘째, 비용이 적게 들었다. 지문이나 홍채 인식 방법은 수억 원이 들지만, 비콘 방식은 몇 천만 원의 예산으로 시작할 수 있었다. 셋째, 편리했다. 하이패스처럼 근처로 스마트 기기가 지나가면 자동으로 인식한다.

비콘 기반의 근태 관리 시스템 도입 방안을 인사노무처에 컨설팅했고, 인사노무처는 실행에 착수했다. 그런데 역시 직원들의 반발이 있었다. 스마트폰 안의 개인 정보 유출 가능성과 함께 개인의 위치 정보 노출 문제를 제기했다.

하지만 비콘 시스템은 개인 정보를 취득하지 않으며 그 자리에 있었다는 사실만 인식하고 기록할 뿐이다. 그래서 IT 전문가를 불러서 회사와 노동조합, 감사실 대표가 참석한 가운데 시연과 검증의 절차를 거쳤다. 그리고 다양한 경로로 직원들에게 설명하고 설득하는 노력도 기울였다. 2019년 11월부터 시범 운영에 들어갔는데, 노동조합도 동의했고 우려하던 문제가 발견되지 않아 2020년 6월 1일부터는 전면 시행하고 있다.

비콘 기반의 근태 관리 시스템 도입은 감사가 사후 적발의 범위를 넘어 예방적 차원에서 문제 발생을 차단하고 이를 위한 실행 부서의 업무를 컨설팅하는 좋은 본보기가 되었다.

감사 업무에서 컨설팅 요소가 강화되는 것은 매우 바람직하며 미래 지향적이다. 현재 굳어진 감사 업무 관행과 이미지 때문에 쉽지 않지만, 기업문화와 감사 행태를 바꾸면서 기반을 조성해가며 혁신에 나서야 할 것이다.

사회적 가치의 실현에
조력하는 감사

사회적 가치의 중요성

코로나19 팬데믹과 싸우며 우리는 공공성과 정부의 역할에 대해 새롭게 눈뜨게 되었나. 제아무리 자타 공인 선진국이라 할지라도 공공 의료 체계가 확립되지 않은 나라에서는 코로나19 중환자가 제대로 치료받지 못한 채 병고를 참아내다 끝내 숨을 거두는 일이 빈번하게 일어났다. 병실을 구하기 힘든 것은 물론이고 엄청난 치료비로 인해 고통이 가중되었다. 심지어는 검사를 받는 일조차 쉽지 않았고 비싼 검사 비용도 한층 검사를 꺼리게 만들었다. 그러는 사이 환자 수는 눈덩이가 불듯 늘어만 갔으며 사회 전체가 큰 혼란에 빠졌다.

그러나 공공 의료 체계가 비교적 잘 확립된 우리나라에서는 중

환자들이 큰 비용을 들이지 않고도 안정적으로 치료를 받을 수 있었다. 안타깝게 목숨을 잃는 분들도 있었지만, 완치에 이르는 경우가 많았다. 진단 검사도 효율적으로 이루어졌으며 관련 비용도 저렴한 편이었다.

의료진들은 감염의 위험을 무릅쓰고 희생적으로 환자를 돌보았다. 환자를 내팽개치고 병원을 탈출한 어떤 나라의 의료진과는 대조적이었다. 정부는 강력한 방역 대책을 수립하여 시행하였고 국민은 이를 잘 따라주었다.

한국의 공공 의료 시스템은 위기 속에서도 잘 작동하였고 국가 공동체는 국민의 자발적 실천을 동력으로 삼아 위기의 파고를 넘어서는 중이다. 이 과정에서 극소수 일탈 행위가 있었지만, 사회 전체의 노력과는 동떨어진 그야말로 일부의 탈선이었다.

자본주의 사회에서 시장이 모든 것을 해결하고 조정할 수 있다는 시장 만능주의적 전제는 코로나19 팬데믹에서는 제대로 작동하지 않았다. 우리가 커다란 이 위기를 넘길 수 있었던 것은 의료 체계와 정부 통치 철학, 시민의식 측면에서 공공성이 높았기 때문이다. 즉 사회적 가치에 대한 정부·기업·시민사회 모두의 공감대와 실천이 밑바탕이 되었다.

정부나 공공부문이 아니어도, 코로나19 확산과 같은 위기 상황이 아닐지라도, 현대 사회에서 사회적 가치 실현은 중요한 준거가 되고 있다. 현대의 소비자들은 영리를 목적으로 삼은 민간기업을 향해서도 사회적 가치를 실현하라고 요구하고 있다. 환경을 해치는 기업, 협력 업체에 갑질을 일삼는 기업, 잘못된 고용 관행으로 직원을 괴롭히는 기업, 세금 등 기본적인 의무를 이행하지 않거나 법률을 어기는 기업 등에 대해서 시민 소비자들은 불매라는 방식의 응징을 가한다.

반면 환경 보호, 지역사회 봉사, 공정한 거래, 성실한 납세, 투명한 경영을 실현하는 기업에 '착한 기업'의 영예를 부여하며 그 기업을 사랑한다. '기업 시민'이라는 말이 있듯, 현대의 기업은 사회의 한 구성원으로 자신의 책임을 완수하고 사회적 기여를 해야만 성장하고 발전할 수 있는 처지가 되었다.

사회적 가치 실현을 앞에서 이끄는 공기업의 역할

사회적 가치 실현을 강화·확대하려는 경향은 우리 사회를 더욱 건강하게 만드는 동인이며 거스를 수 없는 시대 정신을 이루었다. 나는 이것을 감사의 영역에도 적극 반영해야 한다고 생각해왔다. 민간기업도 사회적 가치 실현을 외면할 수 없는 상황인데, 공공성을 바탕으로 설립·운영되는 공기업이라면 더욱더 앞장서야 한다.

공익적 차원의 이슈에 대해서는 사회적 책임이 큰 공기업과 공공기관이 나서서 이끄는 게 옳다. 그래야 민간기업이 따라온다. 야박한 자본주의 풍토에서 기업의 사회적 역할을 환기하고 바람직한 관행을 창조하는 것은 공기업과 공공기관의 당연한 선도적 책무일 것이다.

나는 감사로서, 회사에서 사회적 가치에 반하는 행동을 하지 않도록 막아낼 뿐 아니라 선제적으로 우리 회사가 사회적 가치 실현에 앞장서도록 조언하고 이것을 시스템화하는 노력을 기울여야 한다고 생각했다.

이에 대해서 CEO와도 깊이 논의하였고, 그 결과 이를 구체적 실천에 옮기게 되었다. 2020년 6월 22일 CEO와 나, 중요 경영진이 모인 자리에서 '사회적 가치 실천 활성화를 위한 3대 결의문'을 채택하고 실천 의지를 다졌다.

결의문의 내용은 첫째, 한전KPS의 사회적 책임 이행, 둘째, 협력 회사의 사회적 책임 이행 견인, 셋째, 공익 재단의 회계 투명성을 제고하기 위한 적극적인 협력이다.

그 방안으로 먼저 매출액의 0.2% 이상을 사회 공헌 활동에 지원하기로 했다. 또한, 단순 기부를 넘어 우리 사업의 특성을 반영한 사회 공헌 프로그램을 실천하기로 했다. 전기와 관련된 사업을 하는 만큼, 전기와 밀접한 특성화 학교 등과 산학연 협력을 하고 학생 견학이나 훈련을 제공하며 장학금을 주는 것 등이 여기에 해당한다.

또한, 입찰을 진행할 때도 사회적 가치를 실현하는 기업에 인센티브를 주는 방식으로 사회적 가치 실현을 협력 업체로도 넓혀갈

한전KPS 사회적 가치 실천 경영 선언식

것이다.

이와 함께 공익적 사회단체 감사 활동을 무상 지원함으로써 공익 단체의 업무와 회계 투명성을 높이는 데도 힘을 보탤 계획이다.

사회적 가치 실현을 위한 감사의 역할

나는 2020년 4월부터 ㈜한국감사협회 협회장을 맡고 있다. 이 단체는 감사인의 자질 향상과 경영 합리화에 전력을 다하는 기관으로 공기업·공공기관과 사기업, 금융기관의 감사와 감사위원, 공인내부감사사, 감사 실무자 등 1,600여 명이 회원으로 있다. 내 역량에 버거운 중책이지만, 감사로서 건강하고 투명한 대한민국을 만드는 데 일조한다는 소명감으로 직을 수행 중이다.

우리 회사에서 추진하였던 사회적 가치 실현을 위한 노력을 한국감사협회 차원에서도 전개하고자 의견을 냈다. 이사회와 회원들이 기꺼이 동의해주었다. 2020년 6월 26일 한국프레스센터에서 열린 제17기 정기총회에서는 사회적 가치 실천을 위한 선언문을 채택했다.

협회가 결의한 3대 항목은 협회 회원사의 사회적 책임 이행 강화, 회원사 협력 회사의 사회적 책임 이행 제도화, 공익적 사회단체의 운영 투명성 지원에 대한 사회적 가치 실천으로 구성됐다.

공공의 이익과 공동체 발전에 기여하는 사회적 가치가 경제 운영 원리의 중요한 축으로 제기된 지금, 협회 차원에서 이를 위한 올바른 방향을 제시해줄 수 있도록 사회적 가치 실천 선언을 채택한 것이다. 이 선언을 실천하는 과정을 통해 사회적 약자, 회원사 소재 지역사회에 대한 사회적 책임이 실질적으로 이행될 수 있도록 노력하고자 한다.

이 선언은 미래 지향적인 감사의 중요한 실천이 시작되었다는

사회적 가치 실천 선언문

(사)한국감사협회는 사회, 경제, 환경, 문화 등 모든 영역에서 공공의 이익과 공동체의 발전에 기여할 수 있는 '사회적 가치'를 실현하기 위해서 다음과 같은 사회적 가치 실천 3대 항목을 채택·선언한다

첫째, 회원사 사회적 책임 이행 강화
협회 회원사는 포스트 코로나 시대에 사회적 가치 실천을 통해 민주주의와 시장경제에 기여한다. 이를 위해 회원사는 도움이 필요한 동종 업계, 사회적 약자 및 회원사 소재 지역사회에 대한 사회적 책임 이행을 강화하고 회원사별 사회 공헌 활동 예산이 올바르게 집행될 수 있도록 최선을 다한다.

둘째, 협력 회사의 사회적 책임 이행 제도화
협회 회원사가 발주하는 사업에 응모하는 기업의 선정 기준에 사회적 가치 실천을 명시하도록 노력한다. 이를 통해 응모 기업이 도움이 필요한 동종 업계, 사회적 약자 및 회원사 소재 지역사회에 사회적 책임이 이행될 수 있도록 한다.

셋째, 공익적 사회단체의 운영 투명성 지원
협회는 공익 재단의 운영 투명성 제고 노력과 정부의 감독 행정을 지원하는 '투명 사회 실천 운동'을 추진한다. 이를 위해 국내 공익 재단의 요청이 있을 시, 사회적 책임을 다하기 위해 적극적으로 지원한다.

(사)한국감사협회는 이러한 모든 노력을 바탕으로 사회적 가치 실천이 확산될 것으로 확신하며, 사회적 가치 실현을 위한 우리의 노력이 본격적으로 시작되었음을 선언한다.

2020년 6월 26일
(사)한국감사협회 IIA KOREA (회장 문태룡)

의미가 있다. 실천 항목의 하나하나가 시대적 이슈와 과제를 포착해서 적절히 대응하고 감사가 할 수 있는 항목을 찾아 봉사하는 내용을 담고 있다.

감사들이 모인 협회가 자신의 전문성을 바탕으로 자기 영역에서 사회적 가치를 실현하겠다는 적극적인 발상이다. 못하게 하고 막아서는 감사에 머무르는 것이 아니라, 적극적으로 업무에 임하며, 그것을 사회적 차원으로 확장하는 감사로 발전시키자는 것이다.

투명한 사회를 위한 감사 실천

선언문의 첫 번째와 두 번째 항목은 우리 회사의 '사회적 가치 실천 활성화를 위한 3대 결의문'에 대해 이야기하면서 설명하였던 것과 같은 개념이다. 세 번째 항목인 공익적 사회단체의 운영 투명성 지원은 협회의 직능 특수성을 반영한 것이다.

2020년 정가와 언론을 뜨겁게 달구었던 화제가 하나 있다. 한 시민사회단체의 운영을 두고 불거진 논쟁이었다. 전임 회장이 비례대표로 국회의원이 되면서 사안이 더 커졌다. 나는 사건의 진위나 옳고 그름을 잘 모르며, 여기서 논하고 싶지 않다. 다만 안타까운 것은 이런 일이 계기가 되어 시민들의 기부 행렬이 끊기고 시민사회단체 전체의 활동이 위축되는 현상이다.

자신이 낸 회비나 후원금이 제대로 쓰이지 않을 수도 있다는 의혹이 일면, 사람의 심리는 자연스럽게 기부를 중단하는 쪽으로 흐르게 된다. 문제가 된 그 단체뿐만 아니라 시민사회단체 전체를 대상으로 이런 경향이 확대된다. 그러면 우리 사회의 연대와 박애 정신이 훼손되고 상처를 입는다. 시민사회단체는 재정적 기반이 흔들리는 실질적 위기를 겪어야 한다.

이런 고민을 한 끝에 공기업 상임감사로서, 한국감사협회장으로서 악순환을 끊어내는 데 기여할 수 있는 역량이 우리 한국감사협회에 있다는 생각이 들었다. 협회 소속 회원들과 회원사들은 감사에 전문화되어 있다. 변호사, 회계사, 세무사, 공인내부감사사 등 전문가 풀이 탄탄하다. 이 인력이 공익단체의 투명성 제고를 위해 컨설팅 감사를 지원한다면 큰 도움이 되겠다고 보았다. 감사들이, 그리고 감사들이 모인 집단이 가장 잘할 수 있는 일이기 때문이다.

공익단체들은 대부분 재정난에 시달린다. 감사 업무에 투입할 재원이 턱없이 부족하다. 회계사 한 사람을 쓰려면 최소한 연간 몇백만 원에서 몇천만 원이 든다. 회비와 후원금을 확보하는 데도 힘겨운데, 여기에 돈을 쓰는 것은 쉽지 않다. 그리고 선의와 사명감에 바탕을 두고 활동하는 이들은 설령 행정 절차나 회계 부실이 있어도 용인될 수 있으리라 짐작한다. 그래서 투명성을 높이는 감사 절차에 둔감하다.

이 과정에서 허점이 생긴다. 회계 원칙에 맞지 않게 장부를 쓰기도 한다. 그 결과 외부로부터 비난과 공격을 받는다. "우리는 선의와 희생으로 단체를 운영해왔으며 사소한 실수"라고 항변해도 법 규정을 어긴 것이 분명할 때에는 참으로 곤혹스러운 상황에 처하고 만다. 결과적으로 그 단체는 물론 시민사회단체 전체 이미 지에 생채기를 내게 된다.

공익 단체를 대상으로 감사 원칙을 사전에 교육하고 조언하며 코칭하는 것은 그 활동을 배후에서 지원하는 의미 있는 일이 될 것이다. 또한, 실제로 회계 감사, 직무 감사, 사업 감사를 진행하여 그것을 인증하는 과정을 수행한다면 실질적으로 공익 단체의 투명성을 높이며 외부의 의혹을 차단하고 신뢰성을 키우는 데 효과를 가져오리라 본다. 이 경우 협회 차원에서 일정 수준의 공식적 책임을 질지, 아니면 단순 자문역에 그칠지 등은 더 연구와 토의가 필요할 것이다.

선언으로 출발했지만, 협회 산하의 '사회적 가치 실천 위원회'가 구체적인 실천에 들어갔다. 먼저 강령, 규칙, 내규 등을 작성하고 실천 계획을 수립했다. 2020년 9월 16일에는 '공익 단체의 운영 투명성 지원을 위한 컨설팅 감사 규정'을 제정했다. 이 규정은 운영 투명성의 검증 및 컨설팅 감사 등을 희망하는 공익적 사회단체가 자발적으로 감사를 의뢰한 사항에 대하여 적용한다.

협회 '사회적가치실현위원회' 산하 '컨설팅감사위원회'가 실무를 맡았는데, 사회적가치실현위원회 회원과 민간 전문가들로 컨설팅 감사위원회를 구성한다. 지원 대상은 비영리단체로서 조직 형태를 갖추고 사회적 목적 실현을 위해 설립된 단체 중 적극적으로 컨설팅감사에 임할 것을 약속하는 곳이다.

사회적 가치 실현은 시대적으로 중대한 과제이다. 문재인 대통령의 대선 공약 열두 번째 항목이기도 하다. 문재인 대통령은 국회의원 시절인 2014년 19대 국회에서 '사회적 가치법'을 최초로 발의했었다. 20대 국회에서는 수정한 법안을 김경수, 박광온 의원이 차례로 발의했었다. 그러나 이들 법안은 국회 회기 만료로 자동 폐기되어 국회 문턱을 넘지 못했다. 그리고 2020년 제21대 국회의 1호 법안으로 사회적 가치법(공공기관의 사회적 가치 실현에 관한 기본법안)이 발의되었다. 박광온 의원의 대표 발의로 이낙연 의원 등 더불어민주당 의원 16명 공동 발의 형식이다.

이 법안은 공공기관의 사회적 가치를 정의하고, 사회적 가치 실현 성과를 평가에 반영한다는 내용을 골자로 하고 있다. 특히 공공기관 평가에서 비용 절감이나 효율성뿐 아니라 인권과 안전 등 사회적 가치를 반영한다는 것이다.

개인적으로 사회적 가치법이 국회를 통과하여 법제화되기를 기대한다. 그리고 이에 앞서 공기업 구성원으로서, 감사로서, 한국 감사단체의 대표자로서 사회적 가치 실현을 위한 노력에 매진하고자 한다.

문화 감사에
도전하다

감사실 문화 혁신

나는 조직 혁신의 최고 경지는 '문화 혁신'이라고 생각해왔다. 문화야말로 그 조직의 총체적 현실이기 때문이다. 전설적 투자자 워렌 버핏은 기업을 평가할 때 문화를 가장 중요하게 본다. "기업 인수는 그 기업의 문화를 인수하는 것"이라고 하며 기업문화의 가치를 강조했다.

'기업(조직)문화'라는 개념은 경영학자 페티그루(A.M. Pettigrew)가 1979년에 발표한 논문 「On studying organizational cultures」에 처음 등장한다. 한 조직 내의 구성원들 대다수가 공통적으로 가지고 있는 신념, 가치관, 행위 규범 등을 통칭하는 것으로, 우리가 회사 업무를 대하는 태도, 의사결정 방식, 궁극적으로는 조직

코리아스픽스(KoreaSpeaks) 초빙 타운 미팅

의 수준 높은 성과 창출을 이끌어내는 데 가장 기본이 되는 중요한 가치를 의미한다. 올바른 조직문화가 확립된 기업은 구성원의 조직 몰입을 촉진하여 이직률을 낮추고 수준 높은 성과를 창출한다는 것이 많은 연구를 통해 계속 밝혀지고 있어 많은 기업이 기업문화 개선에 점점 큰 관심을 쏟고 있다.

기업문화의 중요성을 절감했기에 나는 틈나는 대로 감사실 구성원들과 기업문화에 관해 대화하고, 다양한 프로그램을 통해 감사실 문화를 바꾸는 데 노력하고 있다. 2020년에 시무식 때는 '기업문화'를 화두로 삼았고, 한 해의 중요 목표로 설정하기도 했다.

이런 과정들을 거치며 우리 회사의 기업문화를 돌아볼 기회가 많았다. 아울러 감사실의 조직문화도 살펴보게 되었다. 그러면서 보수적이고 권위적인 문화 현실을 짚어보고 혁신의 필요성에 대해 구성원들과의 공감대를 넓혀갔다.

나는 기업문화에 대해서 우리가 처한 현실로부터 출발하고자 질문을 던졌다. "문화 혁신을 왜 할까? 업무 혁신 때문이다. 그렇다면 업무 혁신은 왜 하는가? 9 to 6 즉, 9시 출근하고 6시 퇴근하는 통상근무 8시간을 지키기 위해서이다. 왜 9 to 6를 지켜야 하나? 저녁과 주말이 있는 삶을 누리며 행복해지기 위해서이다." 그러면 직원들은 고개를 끄덕이며 해맑은 미소를 지었다. 업무 지시를 받을 때와는 또 다른 모습이었다.

조직문화 혁신을 위한 특별한 이벤트도 마련했다. 한번은 숙의형 원탁 토론 전문 기관인 코리아스픽스(KoreaSpeaks)를 초빙해서 타운 미팅을 진행했다. 새로운 경험을 한 직원들은 토론 진행 과정뿐만 아니라 그 결과에 놀라움을 금치 못했다. 전문가들의 진행을 통해 마음속의 깊은 이야기를 실시간 동시 토론으로 끄집어내 감사실의 문화 혁신 핵심 과제를 도출했는데 그 결과가 아무도 예상치 못한 것이었기 때문이다.

조직에서 중요한 사안을 놓고 토의할 때는 리더의 결단, 형식적인 설문 조사나 투표 결과 등 기존 방법만 따르지 말고 대규모 동시 원탁토론, 타운 홀 미팅, 숙의형 여론조사 같은 방식을 이용하는 것도 매우 효과적이다. 전문가의 도움을 받으면 더 효과적으로 의견을 끌어내고 생각을 모을 수 있다.

문화 워크숍

2020년 11월에는 감사실 단위의 '문화 워크숍'을 열었다. 강의와 발표, 회의를 진행하고 회식을 곁들이는 기존 워크숍 방식에서 벗어나 구성원들이 문화 공연을 하는 자리를 만든 것이다. 워크숍 전반부는 보고와 토론 및 강연 등 업무 중심의 프로그램을 하고 저녁 식사를 마치고 난 후에는 '참여하는 문화제'를 진행했다.

이 계획을 이야기했을 때 직원들은 몹시 난감한 표정을 지었다. "이 나이에 워크숍 준비를 위해 피아노 연습을 해야 합니까?", "저는 워크숍 당일 아플(?) 예정입니다. ㅎㅎ" 등 우스갯소리로 하는 이야기 속에 난감함이 느껴졌다. 재미있어하면서도 적잖이 부담스러웠던 모양이다.

하지만 곧 조직문화를 바꾸고자 하는 내 의도를 깊이 이해해주었다. 인간의 사고는 이성과 감성이 조화를 이루어야 한다. 이성만 강조되고 감성이 부정된다면 실천적 자유의지가 발현될 수 없다. 실천적 자유의지가 없는 의식은 날개 잃은 새와 같은 존재이다. 따라서 내면의 감수성을 일깨워 주체적으로 사고하고 소통하는 문화를 만들 때 문화 혁신은 일어나고 삶의 방식이 바뀐다. 따라서 문화 워크숍은 조직 내 잠자는 감성을 일깨움으로써 업무의 민주성, 토론을 통한 의사결정, 수평적 조직문화를 만드는 토양이 마련될 수 있다고 보았다.

'떠오르는 청년 다 빈치'로 불리는 저술가 와카스 아메드는 『폴리매스』라는 책을 통해 맡은 일만 잘하면 된다는 '전문성'의 함정을 지적한다. 특정 분야에만 집중하는 것은 창의력과 잠재력이 발현할 기회를 억누르고, 성장과 발전을 방해한다는 게 그의 논리이다. 미국인 심리학자 버니스 이더슨(Bernice Eiduson)은 수많은 노벨상 수상자의 증언을 토대로 뛰어난 과학자들은 대체로 다수의 취미를 즐겼다고 밝혔다. 노벨상을 받은 과학자들은 일반적인 과학자들에 비해 노래, 춤, 연기를 취미로 즐길 가능성이 25배나 높았고 화가로 겸업할 가능성은 17배, 시나 문학 작품을 쓸 가능성은 12배, 목공 등의 공예를 즐길 가능성은 8배 높았다. 그리고 음악가를 겸업할 가능성은 4배, 사진작가를 겸업할 가능성도 2배 높았다고 주장했다.

실제 아인슈타인은 일반상대성이론을 발전시키는 동안 음악을 하면서(그는 바이올린을 연주했다) 상상력을 자극했다고 한다. 르네상스 시대에 모든 면에서 두각을 드러낸 레오나르도 다 빈치도 같은 예라고 할 수 있다.

잠재력을 끌어내어 창의성을 실현하고 개인 삶과 조직문화를 바꾸기 위해서는 칸막이를 걷어내는 의도적 개입이 있어야 한다. 권위적이고 경직된 문화 관성을 깨고 수평적이며 창의적인 분위기를 도입하며 격의 없는 소통을 활성화하는 데, 직원의 자발적 참여로 이루어지는 문화 행사는 매우 중요한 계기가 될 수 있다. 이것은 수직적 권위주의 문화, 직장 내 갑질과 괴롭힘 문화, 성희롱과 성차별 문화를 일소하는 의미 있는 출발점이 될 것이다.

워크숍 참여에 예외는 없었다. 모두가 함께했다. 낯설고 어색하기만 한 새로운 시도를 하면서 명령·하달식으로 할 수만은 없어서 나도 한 순서를 맡았다. 젊은 날 소통에 대해 코믹하게 썼던 시 한 편을 공개했다.

노래방

노래방에서 시를 낭송하면 어떨까

이상할까…

아픈 뒤로 안 보이던 것들이 보여 괴롭다

대화는 모두 위선과 거짓뿐렁

저마다 자기 귀에 자기 설움 들려주기 바쁘다

듣는다는 것은

단지 순서를 기다리는 예절 바른 줄서기

노래방에선 귀보다 손이 바쁘다

선곡하는 손

옆사람과 귀엣말하는 손

속절없이 맥주 캔 만지작거리는 손

그 손, 손들에 상념을 덕지덕지 붙이고 있는 또 다른 손

에이~! 차라리 각 방 잡고 노래할걸…

문화 감사의 필요성

내가 기업문화의 중요성을 강조하고 더 나아가 감사 영역에서
도 이에 대한 접근이 필요하다는 의견을 내자 의아한 시선으로
바라보는 사람이 많았다. 감사가 문화 영역까지 업무 영역으로 삼
는 것이 가능한 일인지 의문이라는 식이다. 한마디로 '너무 오버
하는 것 아닌가'라는 의미이리라. 그분들이 왜 그렇게 생각하는지

한전KPS 감사실 문화 워크숍

는 충분히 이해할 수 있다.

그렇지만 기업문화 혁신은 매우 중요한 감사 영역이다. 권위적·수직적·억압적 문화가 조직 내부에 깊이 스며들면 암 덩어리처럼 딱딱하게 굳어진다. 구성원들은 아무런 자각 없이 그 문화를 받아들이고 이 과정에서 조직은 깊은 수렁에 빠진다. 혁신은 고사하고 엄청난 위험을 안고 지내야 한다.

NASA는 1999년 기상 관측 궤도 위성을 발사했다. 1억 2,500만 달러가 투입된 야심 찬 프로젝트였다. 그러나 이 인공위성은 발사하자마자 불타버렸다. 그 이후 사고조사위원회가 조직되어 원인을 파악했는데, 그 결과는 사람들을 아연실색하게 만들었다. 이 프로젝트의 핵심 실무는 두 엔지니어 그룹이 협력해서 진행했다. 그런데 한 엔지니어 그룹은 프로그래밍 도량형 단위를 킬로미터, 킬로그램으로 했던 반면 다른 그룹은 마일, 파운드로 했다. 제아무리 최고 수준의 전문가들이 모여서 일한다 하더라도 경쟁적이고 소통 없는 문화 여건에서는 언제든 끔찍한 사고가 터질 수 있음을 여실히 보여주었다.

1996년 미국 일리노이주의 한 공장에서 벌어진 장기적이고 광범위한 성희롱 사건은 미국 사회뿐만 아니라 세계 기업계에 큰 충격을 주었다. 일본 미쓰비시의 미국 자회사에서 일어난 일인데, 중간·하급 관리자들과 남성 근로자들이 수년 동안 여성 근로자들의 신체를 만지거나 노골적인 성적 모욕을 했었다. 더 심각한 문제는 이 일에 대해 회사가 큰 관심을 두지 않았다는 것이다. 여성 근로자들은 회사를 대상으로 손해배상을 청구했고 결국 회사는 3,400만 달러의 배상금을 치러야 했다. 또한, 회사는 치욕적 오명을 뒤집어쓰고 존폐까지 염려해야 하는 상황에 내몰렸다.

그 당시 일본 본사의 경영진들은 "성희롱에 가담한 사람의 개인적 범죄이니 그들을 색출하여 처벌하면 된다"는 안이한 생각에 빠졌었다. 그러나 미국 법원과 여론의 판단은 달랐다. 잘못된 조직문화와 업무 관행을 내버려둔 채 바로잡지 않은 회사의 책임이 더 크다고 본 것이다.

위의 사례에서 보듯, 잘못 형성된 기업문화는 언제 터질지 모르는 폭탄과 같다. 바로잡고 혁신하지 않으면 반드시 심각한 위기를 불러온다. 상황이 이렇다면 조직의 감사가 무엇을 해야 하는지는 자명하다. 감사의 업무는 이미 벌어진 일을 적발하여 징계하는 데 그치지 않는다. 사전에 잠재적 위기 요인을 발견하여 시정함으로써 바람직한 결과를 유도하는 것이 더 중요한 책무이다. 그래서 조직 문화에 대한 감사, 즉 문화 감사가 꼭 필요하다고 생각한다. 사규, 제도, 시스템 등을 바꾸는 것은 어렵다. 그러나 이보다 훨씬 어려운 것이 있는데 그것은 기업문화 혁신이다. 감사 기능이 기업문화 혁신의 원동력이 될 수 있다고 본다.

앞에서 말했듯 긍정적 성장을 위해 기업문화를 혁신하고자 하는 시도가 늘고 있다. 조직 업무 수행의 가치를 증대시키고 개선하는 것을 목적으로 하는 내부감사 분야에서도 '기업문화 감사'의 개념이 생겨났다. IIA(세계내부감사인협회)는 기업문화가 구성원의 윤리 의식, 리스크 관리 등에 어떤 영향을 미치고 기업의 성과 창출을 견인해나가는지에 대한 다양한 연구를 펼쳐오고 있으며, 2019년 세계감사인대회에서 '문화 감사'라는 화두를 던져 경영자들과 감사인의 주목을 받았다.

문화 감사의 첫걸음

한전KPS는 2016년부터 회사 목표 달성에 부정적 영향을 미치는 기업문화 개선을 위해 '기업문화 개선 추진 계획'을 수립하여 다양한 정책을 펼쳐왔고, 매년 대내외 환경 분석을 통한 주기적 계획 수정으로 지속적인 노력을 기울이고 있다.

감사실에서는 기업문화 혁신 활동에 대한 현장의 목소리를 듣기 위해 전 직원을 대상으로 다양한 소통 활동을 전개했다. 2019년부터 일반 직원을 대상으로 한 '상임감사 도시락(樂) Talk Talk'를 열고 있으며, 2020년 6월에는 본사 직원 대상 숙의형 원탁 토론회를 개최했고, 같은 해 6월부터 8월까지 '사업소 청렴 휴먼 북' 프로그램을 시행했다. 소통을 통해 사내에 부당 업무 지시나 부적절한 회식 문화 등 부정적 기업문화가 잔존하고 있으며 이에 대한 직원들의 개선 요구가 높다는 사실을 확인하였다.

이를 착안점으로 하여 감사실은 직장 내 성희롱, 괴롭힘·갑질 및 권위적 조직문화 등에 대한 직원들의 감수성(외부로부터 오는 자극에 민감하게 반응하는 정도)을 기반으로 조직 문화 개선 방안을 도출하고자 전 직원을 대상으로 설문 조사를 했다. 조사를 해보니 한전KPS 임직원의 조직문화 감수성은 다른 공기업·공공기관보다 뛰어났지만, 개선할 점 또한 눈에 들어왔다. 구성원들이 실제로 변화를 느끼고 함께 참여할 수 있도록 실효성 높은 기업문화 개선 노력이 절실한 것으로 판단되었다.

한편 코로나19라는 특수한 상황도 기업문화 개선의 필요를 증대시켰다. 코로나19로 재택근무 확대, 비대면 업무 소통 증가 등 급격한 업무 방식과 기업문화의 변화가 생겼다. 이 가운데에 구성원 간 갈등, 혼란, 변화 거부 등 부정적인 경향도 발생하였고 이의 개선이 요구되었다.

문화 감사 진행

회사 대내외적인 상황은 문화 감사의 필요성을 증대시켰다. 그리고 기업이 수준 높은 성과를 창출하기 위해서는 조직문화 개선이 요구된다는 것이 내 소신이었다. 그래서 앞에서 이야기했듯 감사실 자체 조직문화의 개선을 위해 노력해왔고, 이를 회사 전체에 확산할 감사 차원의 대안 수립을 연구해왔다. 여기서 더 나아가 기업문화 개선 관련 제도 및 기타 추진 과제의 타당성, 효율성 및 효과성을 점검하고 합리적 개선 방안을 마련하는 컨설팅 감사의

문화 감사 수행 내용

검토 분야	내용
포스트 코로나 문화 혁신	– 언택트 워크 등에 따른 비대면(On-line) 소통 활성화 방안 – 기타 코로나19 확산으로 인한 문제점 및 개선 방안 등
성 비위 예방 및 양성평등	– 성 비위 예방 관련 제도 및 운영 개선 방안 – 양성평등 저해 요인(사규 등) 및 개선점 도출 등
직장 내 괴롭힘·갑질 근절	– 직장 내 괴롭힘 및 갑질 관련 제도 및 운영 개선 방안 – 직원들에 대한 교육 등 효과적 의식 개선 방안 등
수직·권위적 문화 및 세대 간 갈등 관리	– 수직·권위적 조직문화 타파를 위한 개선 방안 – 밀레니얼 세대 증가 등에 따른 세대 간 갈등 관리 방안

문화 감사–컨설팅 감사 내용

검토 분야	컨설팅 감사 내용
포스트 코로나 문화 혁신	– 사업장 환경을 고려한 사업소 업무 지속 계획 보완 검토 필요 – 포스트 코로나에 대비한 장비 확보와 제도의 개선 등 필수 인프라 구축과 직원들의 의식변화를 위한 홍보 활동 시행 검토 – 비대면 업무 문화 정착을 위해 비대면 업무 매뉴얼 제정 – 직원 정신건강 지원 프로그램 시행 시 코로나19로 인한 심리 불안 예방 및 해소를 위한 심리 방역 고려 및 프로그램의 적극적 홍보 방안 검토
성 비위 예방 및 양성평등	– 성희롱·성폭력 예방 지침 표준안(2020, 여성가족부)을 반영한 성희롱·성폭력 예방 지침 개선 필요 – 관련 법령에 따른 성 비위 행위별 정의 명확화로 징계 처분의 정당성과 피징계자의 처분 수용도 확보 및 성 비위행위에 대한 징계 양정 상향 방안 검토 – 취업 규칙 등 관련 규정 개선을 통해 일·가정 양립을 위한 육아휴직 제도가 남녀 직원에게 공평하게 적용될 수 있도록 개선 필요 – 일·가정 양립 문화와 양성평등 문화 정착 활동 개발·지속 시행 및 이에 대한 분석·환류를 통해 제도의 실효성 제고 방안 마련 필요
직장 내 괴롭힘·갑질 근절	– 상호 존중 문화 정착 및 외부로의 확산 활동 시행 필요 – 갑질 및 직장 내 괴롭힘에 대한 정확한 인식 강화 필요 – 갑질 및 직장 내 괴롭힘 관련 제도 개선 필요 – 징계 감경 제한 기준 구체화 필요 – 피해자 보호 대책 강화 방안 검토
수직·권위적 문화 및 세대 간 갈등 관리	– 지하 주차장 지정 주차 구역 중 처·실장, 본부 노동조합 간부를 위한 지정 구역을 폐지하여 일반 직원들에게 개방하는 방안 검토 필요 – 자생력이 부족한 신입 직원이 배치 사업장에 안착할 수 있도록 사택 입주 기준을 개선하고, 장기 입주자의 퇴거 조치와 퇴거 지연 부과금 현실화 방안 검토 – 신규 채용 직원이 기술 직종 분야의 적성 및 능력을 개발할 수 있도록 전담 직군 직무에 2년 이상 보직 원칙 준수를 위한 방안 강구 필요

진행을 결정하였다.

기업문화 컨설팅 감사는 직원들의 회사에 대한 몰입도와 만족도를 높여 고성과를 창출하는 기업문화를 조성하는 것을 목표로 삼았다. 그리고 포스트 코로나 문화 혁신, 성 비위 예방 및 양성평등, 직장 내 괴롭힘·갑질 근절, 수직·권위적 문화 및 세대 간 갈등 관리를 중점 검토 사항으로 정했다.

2020년 9월 14일부터 10월 16일까지 16명의 감사인이 분과별로, 내부 의견 수렴 내용, 사규, 운영 제도 및 관련 법규 등을 기반으로 조직문화 문제점과 개선 방향을 확인하였고, 2020년 11월 감사실 문화 워크숍을 통해 감사인 전원의 집단 토론을 거쳐 개선안을 도출하였다.

한전KPS 감사실은 앞으로 문화 감사 이행 실태 특별 점검, 기업문화 개선을 위한 컨설팅 감사 정기 시행 등 다양한 형태의 감사 활동을 통해 긍정적인 조직문화 확립을 지원할 계획이다. 그리고 조직의 내부 고객인 직원들의 목소리가 회사 운영에 반영될 수 있도록 활발한 소통 활동을 지속적으로 펼칠 예정이다.

혁신의 출발,
낡은 관행과의 싸움

거듭된 음주 사고

나는 2018년 5월 25일 한전KPS 상임이사로 부임했다. 빨리 업무를 파악하고 소임을 충실히 다하겠다는 의욕이 넘쳐 빡빡한 일정으로 업무 보고를 받으며 자료를 검토했다. 그러던 중 한 사안이 눈길을 끌었다.

직원 징계 건이었다. 내가 부임하기 이전 해 봄에 사건이 하나 있었다. 회사 인재개발원에서 교육을 받던 회사 직원들이 그날 교육을 마친 후 숙소에서 술을 마셨고 술자리는 동료끼리 폭행하는 난장판으로 변질되었다.

부임 전에 일어난 사건이지만, 징계를 처리해야 했기에 이 사건에 대해 자세히 보고받았다. 회사의 음주 문화가 매우 좋지 않다는 생각이 들었다. 그리고 음주 폭행 사건에 대해 강경하게 대처하고 예방적 차원에서 음주 문화를 개선해야 한다는 판단을 갖게 되었다.

그런데 더욱 불행한 사건이 터졌다. 2018년 6월 모 사업소에서 벌어진 일이다. 사업소 단위의 정기 사회봉사 활동과 체육대회 형식의 단합 모임을 끝낸 직원들이 술자리를 가졌는데, 있어서는 안 될 안타까운 일이 벌어졌다. 한 직원이 다른 직원을 폭행하여 사망하게 하는 끔찍한 사건이 일어났다.

조사해보니 두 사람은 호형호제하는 친한 사이였다. 유명을 달리한 직원이 안타까운 것은 말할 나위도 없고 우발적인 실수로 끔찍한 일을 저지른 가해자의 처지도 딱해 보였다. 순간적으로 욱하는 마음이 치고 올라와 손이 나갔다 하더라도 그가 살의를 가졌으리라 생각하기는 어렵다. 말하자면 술이 원수였다. 음주 문화가 제대로 갖추어졌다면 생기지 않았을 불행이었다.

음주 문화 혁신 계획

나는 이 일을 가볍게 볼 수 없다고 판단했다. 음주 근무, 음주 운전 등 회사 내 음주와 관련된 문화를 완전히 바꾸어야 한다고 보았다.

육체노동 위주인 회사 업무의 특성상 음주에 비교적 관대했던 것도 사실이었다. 그리고 음주는 개인적인 영역이며, 여기에 제약을 가하면 직원 간 교류가 위축된다고 주장하는 이가 있을 정도였다. 현대 사회에서 이런 말은 용인될 수 없다.

사실 기존에도 우리 회사는 음주 근무 단속을 하고 있었다. 각 사업소 출입구에서 직원들을 대상으로 음주 측정을 해서 기준치를 넘으면 퇴근시키고, 적발 건수가 누적되면 징계하는 형태였다. 이런 음주 측정은 간헐적으로 이루어졌다. 그런데 징계의 수위가 높지 않았다.

다른 나라 발전소 음주 근무에 대한 징계는 매우 엄격하다. '원 스트라이크 아웃' 시스템이다. 한 번이라도 적발되면 곧바로 해고한다. 음주가 작업장 안전, 즉 자신과 동료, 고객의 생명에 치명적인 결과를 불러올 수 있기 때문이다.

우리 회사는 발전소 정비를 주로 맡고 있다. 원자력발전소 등의 중요한 설비나 위험한 기계를 다루기에 긴장감이 더욱더 요구된다. 그런데도 음주 근무라는 나쁜 관행이 존재한다면 그야말로 위험천만한 일이다.

나는 감사실 차원에서 음주 근무나 사고를 적발하고 징계하는 차원의 사후 대책 외에도 음주 문화를 완전히 바꾸는 정책이 필요하다고 보았다. 직원이 목숨을 잃는 안타까운 일이 벌어진 상황이다. 다시는 이런 일이 없어야 한다. 위험의 요소를 아예 없애는 것이 바람직하다. 따라서 구성원 모두가 책임을 통감하며 숙연하고도 엄중하게 이 일에 협력할 것이라고 보았다.

하지만 음주 문화 혁신을 위한 내 노력은 강력한 저항에 부닥
쳤다. 이것은 상상도 하지 못했다. 너무나 원칙에 맞고 당연하며
자연스러운 일이었기 때문이다. 그러나 이 일을 추진하기 위해 외
롭고 힘든 과정을 거쳐야 했다.

음주 운전, 음주 근무 근절을 향하여

나는 음주 근무뿐 아니라 회사의 음주 문화 자체를 바꾸는 강
력한 조치가 필요하다고 판단했다. 그래서 음주 운전과 음주 근
무 근절을 함께 묶어 중요한 과제로 설정했다. 부끄럽고 아프지
만, 우리의 치부를 드러내는 광범위한 실태 조사를 하고 잘못에
대해 책임지는 단계부터 밟고자 했다.

음주 운전에도 관심을 두게 된 이유는 공적 조직에 근무하는
사람에게 요구되는 사회적 책임과 윤리 기준에 비추어 음주 운전
은 용인될 수 없는 일이기 때문이다. 일반적으로 공기업에는 임직
원 행동 강령이 마련되어 있다. 공적 조직에서 일하는 사람이 음
주 상태에서 운전하는 것은 행동 강령을 위반하는 매우 중대한
잘못이다.

내가 음주 문화 혁신을 추진하던 당시는, 음주 운전자에 의한
교통사고로 사망한 고 윤창호 학생의 가족과 친구들이 음주 운
전자에 대한 강력한 처벌을 촉구하는 사회운동을 벌였고 이것이
사회적으로 큰 공감을 얻으면서 '윤창호법'의 제정이 국회에서 논

의되던 시점이었다. 음주 운전에 대한 처벌이 강화될 뿐만 아니라 사회적 인식이 높아지던 무렵이었기에, 더욱 강한 경각심을 이끌 수 있었다.

또한, 우리 회사의 업무 특성상 음주 운전은 음주 근무와 연결되어 있었다. 우리 회사 사업소 중에는 발전소 안에 업무 공간을 두고 상주하면서 일하는 곳도 있고, 고정된 근무지 없이 움직이면서 일하는 파트도 있다. 송변전 선로 점검 및 정비 파트가 그렇다. 이들은 주로 차를 타고 산악 지형을 다니면서 고압 철탑의 송·변전 선로를 유지·보수하는 일을 한다. 이때 안일하게 생각하면, 차량으로 이동하는 중에 점심을 먹으며 반주를 겸하는 일도 생긴다. 이때는 근무 시간 중이므로 음주 운전과 음주 근무가 겹쳐서 일어난다.

나는 사내 음주 운전 실태를 파악하여 징계함으로써 조직 전체에 경각심을 일으키고 예방하는 것이 음주 문화 혁신의 첫 단계라고 보았다. 그러나 직원 음주 운전 실태를 알아내는 것은 쉬운 일이 아니다.

직원이 음주 운전을 하다 적발된 경우, 회사가 이 사실을 인지하면 그에 따르는 징계 절차를 밟게 되어 있다. 그런데 그 사실을 모르고 넘어가는 경우가 많다. 경찰에서 회사로 통보하지 않기 때문이다. 별도의 통지 의무가 없기 때문이다. 음주 운전으로 교통사고가 나서 형사 입건이 되면 회사로 알려지는데, 단순 적발은 회사가 그 사실을 모르고 넘어가기 십상이다.

　음주 운전 단속에 걸리면 직업이나 직장을 속이는 사람이 많다. 실직자라고 하거나 자영업을 한다고 둘러대는 식이다. 이런 상황에서는 직원의 자진 신고에 의존할 수밖에 없는데, 징계와 인사상 불이익 등이 주어질 일을 스스로 고백하기를 기다리는 것은 사실상 기대하기 어렵다.

1단계 자진 신고

　직원 개인의 음주 운전 여부를 파악하기에 적합한 자료는 운전경력증명서이다. 그 서류에 음주 운전에 따른 행정 처분을 받은 기록이 다 나오기 때문이다. 운전경력증명서에는 음주 운전 적발이 이루어진 장소와 구체적인 시간(연월일시)이 명시된다. 음주 운전 사실 자체도 알 수 있으며, 근무 시간 중에 이루어진 음주 운전인지도 파악할 수 있다. 따라서 운전경력증명서를 통해 음주 실태를 총체적으로 살펴볼 수 있으며 감사와 징계 근거 자료를 확보할 수 있을 것이라 보았다.

　그런데 공기업이나 공공기관에서 직원들에게 운전경력증명서를 받는 것은 매우 어렵다. 강한 저항에 부닥치게 마련이다. 개인정보 침해가 명분이다. 전 직원을 대상으로 운전경력증명서를 요구한다면 반발이 일어날 것이라 예상할 수밖에 없다. 그러면 정책 추진은 처음부터 분란에 빠질 수 있다.

나는 단계적인 추진이 효과적이라 보았다. 정책의 수용성을 높이며 다음 단계 추진의 명분을 확보하기 위하여 단계적으로 수순을 밟아나가기로 했다. 차후 운전경력증명서 제출을 요구할 것을 염두에 두고 1차적으로는 음주 운전 자진 신고를 받기로 했다.

일반적으로 횡령이나 배임 등의 중대한 사안이 아니면 감사 대상 연한이 3년이다. 이를 기준으로 삼아, 최근 3년간 음주 운전 적발 사실이 있으면 자진해서 신고하라고 통보했다. 신고 기간을 두어 이 기간에 자진 신고한 사람에게는 징계 정도를 한 단계씩 감경하여 처분하기로 했다.

2018년 9월 6일 '음주 운전 한시적 자진 신고자 처리 기준'을 공포했다. 2018년 9월 10일부터 21일까지 자진 신고 기간으로 정하고 이것을 사내 전자 문서함, 전자 게시판, 팝업 창에 고지했다. 문자 메시지 발송도 세 차례나 했다. 본인이 자진 신고서를 작성하여 이메일이나 우편 혹은 인편으로 감사실의 조사감찰팀으로 전달하도록 했다.

예상보다 많은 직원이 자진 신고에 응했다. 71건의 자진 신고가 접수되었는데, 면허 정지가 33건, 면허 취소가 38건이었다. 그중 6건은 입사 전 음주 운전, 신고 대상 기간(3년 이내) 이전, 대리운전 후 아파트 내 주차장 접촉 사고 등 관련성이 약한 것으로 처분 대상이 되지 않았다. 이 건들을 빼고 65건을 대상으로 징계에 착수했다. 이미 공포한 대로 자진 신고한 사람에 대해서는 징계를 감경 처리했다.

10월 29일부터 11월 2일까지 자진 신고자 징계 양정과 처분 요구 검토가 진행되었고, 11월에는 자진 신고자 대상 인사위원회 개최와 징계 처분이 인사노무처 주관으로 이루어졌다.

자진 신고를 근거로 대규모 징계 절차가 시작되자, 회사 내에서는 음주 운전 행위에 대해 엄중한 징계가 따른다는 인식이 강화되었다. 이미 일정 정도의 효과는 거둔 셈이었다. 그러나 여기에서 멈출 수는 없었다. 음주 문화 혁신 활동이 일시적인 이벤트가 아니었기 때문이다. 나는 직원 전원으로부터 운전경력증명서를 받아 음주 실태를 총체적으로 파악하고 처분하며, 이후 이를 정례화함으로써 음주 운전 자체를 항구적으로 근절하겠다는 확신과 의지를 갖고 있었다. 시한을 정한 자진 신고와 징계 감경은 그 정책의 수용성을 높이기 위한 1단계였다. 그리고 다음 단계를 향해 나아갔다.

2018년 12월 초에는 '음주 운전 등 음주 근무 근절을 위한 관련 규정 검토와 개정 추진'에 착수했다.

음주 운전과 음주 근무 근절을 위한 규정 개정

음주 운전 적발 사실이 있으면서도 음주 운전 자진 신고 기간 내에 신고하지 않은 사람도 있었다. 물론 자진 신고를 하지 않는 사람이 나오리라 예상했었다. 그들은 아마도 이 조치가 자진 신고와 자진 신고자 징계 수준에서 일회성으로 끝나리라 보았을 것이다. 고작 2~3년의 짧은 임기인 상임감사가 장기적인 틀에서 음주 문화 혁신에 나서는 것이 무리라고 판단했을지도 모른다. 처분 실적이 그 정도 나왔으면 단기 성과에 만족하고 골치 아픈 일에서는 손을 뗄 것이라 예상하지 않았을까.

그러나 나는 자진 신고를 받아 감경 징계로 건수 위주의 실적을 올리는 것이 목표가 아니었다. 이것은 첫 관문을 여는 과정이었을 뿐이다. 인사노무처가 자진 신고자 대상의 징계를 마무리한 11월을 넘기자마자 12월 초에는 '음주 운전 등 음주 근무 근절을 위한 관련 규정 검토와 개정 추진'에 착수했다.

이른바 '윤창호법'이 2018년 11월 29일 국회 본회의를 통과해서 음주 운전 엄벌에 대한 사회 분위기가 형성된 것도 음주 관련 규정을 추가하여 사규를 개정하는 데 유리하게 작용했다.

개정된 사규는 운전경력증명서 제출을 의무화했다. 이 때문에 본격적인 반발과 저항을 감수해야 했다. 그러나 한 발자국도 물러설 이유는 없었다. 그 규정이 회사로 하여금 직원의 음주 운전과 음주 근무 실태를 정확하게 파악함으로써 이를 예방하는 데 가장 효과적인 방안이었기 때문이다.

감사실의 논리는 단순명료했다. 자진 신고를 통한 완충적 구제 절차가 마무리되었으니, 이제 전 직원이 운전경력증명서를 제출하라는 요구였다. 당연히 반발이 일었다. "관례에 없는 일이다",

"개인정보를 침해한다" 등의 볼멘소리가 터져 나왔다.

운전경력증명서에는 민감한 개인 정보가 포함되기에 회사가 이 서류를 받아 열람하는 것은 직원 사생활을 침해하는 인권 침해 요소가 있다는 주장이었다. 국가인권위원회가 사실 관계를 파악하며 우리 회사를 대상으로 한 조사에 나섰고, 감사실에 전 직원 운전경력증명서 제출에 대한 서면 진술서 및 관련 자료 제출을 요구하였다. 이후, 서면 제출과 충분한 설명을 통하여 위원회에서도 이 시행 방안에 인권 침해 소지의 문제가 없다고 판단하고 계속 진행할 것을 권고하였다.

나는 직원들의 문제 제기와 국가인권위원회의 권고에 일부 타당성이 있다고 받아들였다. 음주 운전과 관련이 없는 개인 정보가 운전경력증명서에 포함되는 것이 사실이기 때문이다. 그래서 시행 방안을 일부 수정했다. 개인 정보에 해당하는 부분 즉, 주소, 주민등록번호 뒷자리, 음주 운전과 관계없는 교통 법규 위반 사실 등을 모두 블라인드 처리한 후에 제출하도록 정했다. 서류 제출 전 각 사업소에서 개인 정보 관련 부분을 전부 블라인드 처리하도록 했다.

이 보완 조치를 통해 직원 개인 정보가 감사실 등에 노출되지 않게 된다. 인권 침해 소지도 사라진다. 이런 보완 조치 내용을 국가인권위원회에 통보했다. 국가인권위원회에서도 더는 문제 삼지 않았다.

혁신의 강력한 명분

나는 일부 직원들의 반발에도 조금도 흔들리지 않았다. 이미 예상했던 일이기도 하지만, 확실한 대의명분을 지녔기 때문이다. 첫째는 음주 문화 혁신이다. 국가 중요 설비인 원자력발전소 등 발전 설비의 산업 안전과 작업자의 안전을 위해서 음주 문화를 개선할 수밖에 없으며 공기업에 몸담은 사람으로서 기본 윤리를 지켜야 한다는 것이다.

두 번째 명분은 매우 현실적인 것이다. 운전경력증명서를 내지 않고 버틴다면 자진 신고한 후 징계를 받은 사람들과의 형평성이 맞지 않는다는 것이다. 이미 감사실에서는 여러 건의 제보를 받았다. "분명히 음주 운전으로 적발되어 운전면허 행정 처분을 받은 것으로 알고 있는데, 그 사실을 자진 신고하지 않아 징계를 피한 사람들이 있다"는 내용이다. 이들의 음주 운전 사실에 대해 징계 없이 그대로 두는 것은 인사상 형평성에 어긋난다.

그리고 "자진 신고만 피해 가면 된다. 감사가 차마 운전경력증명서까지 요구하지는 못할 것이라는 안일한 발상을 가진 사람의 과오를 덮고 넘어가는 것은 자진 신고를 한 사람에게 상대적 불이익을 준 셈이 된다. 회사 정책을 성실히 따른 사람이 오히려 불이익을 겪는 것은 형평성에 어긋난다. 회사가 자진 신고한 사람을 선처한 것이 아니라 가혹하게 징계한 꼴이 된다. 상식과 이치에 어긋나는 일이다"라고 논리적으로 설득했다.

일부 반발했던 직원들은 논리적으로 더 이상 항변하지 못했다. 고집을 피울 만한 불합리한 점이 없을 뿐더러 음주에 대한 문화와 세태가 바뀌었기 때문이다.

사규 개정은 합리적 설득력을 바탕으로 차근차근 진행되었다. 운전경력증명서 제출이 일회성으로 끝나면 큰 의미가 없기에 이것을 사규에 반영하여 정례화한다는 내용이 반영되었다. 음주 근무에 관한 규정을 포함하여 음주와 관련된 여러 가지 사안을 조사 감독할 수 있도록 조항을 신설하고 그 조항을 근거로 운전경력증명서를 내도록 했다. 사규라는 제도적 근거를 바탕으로 음주 문화를 혁신하는 단계로 들어선 것이다.

물론 이 과정에서도 반발은 있었다. 문화를 혁신하는 일은 그만큼 추진하는 주체나 변화를 시도하는 구성원 모두에게 고단한 과정이다. 하지만 혁신의 목표가 분명하고 그 내용에 당위성이 있다면 결국 함께 가게 된다. 이 과정을 이끄는 것이 혁신적 리더의 몫이라 생각한다.

중단 없는 혁신 추진

음주 근무 근절을 위한 후속 조치는 계획한 일정대로 진행했다. 먼저 상벌 규정을 손보았다. 음주 운전 사실 파악을 통한 징계 실효성을 높이기 위해 음주 운전 확인 서류 제출 요구에 불응한 사람에 대한 양정 기준을 신설하고 음주 근무자 판단 기준과 유형별 양정 기준도 수립했다. 그리고 음주 근무자에 대한 징계 감경의 제한 규정도 추가했다.

2018년 12월 21일에는 그간의 음주 근무 근절 활동과 앞으로의 계획을 이사회에 보고했다. 같은 날 상임감사 명의로 전 직원에게 연말연시 음주 운전 및 음주 근무 근절에 관한 메시지를 발송하였다. 메시지에는 새해 인사와 덕담 그리고 음주 문화 혁신 활동에 직원들이 협력해달라고 요청하며 연말연시 모임에서 과도한 음주를 자제할 것을 당부하는 내용을 담았다.

2019년 1월 7일부터 16일까지 전 직원을 대상으로 운전경력증명서를 징구했다. 2015년 9월 6일부터 2019년 1월 6일까지 3년 4개월간의 운전 경력을 담도록 했고, 사업소에서 취합하고 개인정보 관련 부분을 블라인드 처리한 후 공문으로 접수하는 방식이었다. 서류 제출 기간 중인 1월 10일에는 상임감사가 메시지를 보내 협력을 독려하였다. 운전경력증명서를 확인한 결과, 자진 신고 기간에 음주 운전 적발 사실을 신고하지 않은 사람이 24명 발견되었고, 이들에 대한 징계를 개정된 규정대로 진행하였다.

음주 근무 근절을 위한 교육 교재도 만들었다. 음주에 대한 경각심을 심어주기 위해 집중적으로 전 직원에게 홍보했다.

이렇듯 음주 근무 근절을 위한 노력을 쏟아부으면서 회사에는 건강한 음주 문화가 조금씩 정착되었다. 실태 파악과 강력한 징계 그리고 교육과 홍보를 통해 예방 시스템이 자리를 잡았다. 주

안전 실천 및 음주 근무 근절 결의 대회

기적으로 음주 기록을 점검하는 절차가 음주 운전과 음주 근무 예방 효과를 크게 만들었다.

음주 운전과 음주 근무가 적발되면, 승격 검증 절차를 통과하지 못한다. 후보에서 탈락한다. 고위 간부로 승진하려는 사람은 음주 문제에 각별히 신경을 써야 한다.

음주 문화도 많이 변했다. 과거에는 점심을 하며 반주를 곁들이는 문화가 있었다. 육체노동 성격이 강한 우리 회사 업무 특성상 낮에 간단히 한잔하는 것을 대수롭지 않게 여겼던 것도 사실이다. 하지만 지금은 이런 문화가 거의 근절되었다. 근무 중 음주로 적발되면 심각한 타격을 받기 때문이다.

회사의 회식 문화도 바뀌었다. 과음이 많이 사라졌다. 상사나 선배가 술잔을 돌리며 음주를 강요하던 일명 꼰대식 관행도 줄어들었다.

음주 근무 근절이 서서히 이루어지는 지금, 긴장감을 잃지 않고 상시 점검 시스템을 확립하여 가동하고 건전한 기업문화로 정착시키고 완성하는 데 주력할 것이다.

여러 난관 앞에 흔들리지 않고 원칙대로 감사 업무를 추진하면서 처음에 반발심을 가지고 저항하던 사람들조차 혁신 방향에 동의하고 협력하며 변화를 보이는 경험을 했다. 특히 노동조합의 적극적인 협력이 있었다. 노사가 합동으로 음주 근무 근절 결의 대회를 열기로 함으로써 노동조합은 혁신의 협력자이자 동반자가

제32회 한국노사협력대상 시상식

일시 | 2020년 4월 13일(월) 10:30   장소 | 경총회관 8층 대회의실

노사협력대상 시상식

되었다. 2019년 2월 1일부터 3월 31일까지 사업장 단위로 음주 운전 및 음주 근무 근절 노사 합동 결의 대회를 개최했고, 이와 함께 음주 운전 및 음주 근무 예방 교육을 진행했다.

2019년 4월 1일 회사 창립 기념식 때는 회사 CEO 및 임원과 각 사업소장, 본사 전 직원 그리고 노조 위원장이 참석한 가운데 '안전 실천 및 음주 근무 근절 결의 대회'를 열어 회사와 노동조합 대표가 결의문에 선서했다.

원칙이 이긴다

구성원들의 반발을 불러올 수 있는 오래된 관행을 타파하고자 도전한 나에 대해 '강성 감사'라는 식의 평가를 하는 분들도 있다. 하지만 나는 전혀 그렇게 생각하지 않는다. 나는 상임감사로서 상임감사의 소임을 충실히 이행하려고 노력했을 뿐이고 원칙을 지키며 감사의 일을 수행했을 뿐이다.

『논어(論語)』「학이」편에는 "君子務本 本立而道生(군자무본 본립이도생)"이라는 구절이 나온다. 해석하면 "군자는 근본에 힘쓰니, 근본이 서면 도가 생긴다"는 뜻이다. 심오한 철학적 세계관이 담겨 있겠지만, 나는 이를 속되고 구체적으로 받아들인다. "원칙이 가장 중요하다. 원칙을 세우고 지키면 방법은 자연스럽게 생긴다."

원칙을 붙잡고 감사 기능에 충실한 결과 일시적으로는 갈등이 생기기도 했지만, 결국에는 협력을 이루어낼 수 있었다. 우리 회사는 2020년 4월 상생의 노사 관계로 모범적인 기업문화 조성에 노력한 점을 인정받아 한국경영자총협회가 주관한 한국노사협력 대상에서 우수상을 받았다.

2019년에는 노동 존중과 인권 경영·사회적 가치 창출에 노사가 협력하는 '노사 공동 선언'을 선포하고 화합과 상생의 노사 관계 구축을 위한 발판을 마련했다. 또한, 경영 현안의 적극적인 해결을 위한 노사 공동 테스크포스 운영을 통해 노사 갈등을 최소화하기 위해 노력해왔다. 재해 위험이 큰 발전 설비 정비 작업 특성을 고려해 노사가 함께 '안전경영위원회'와 '안전경영협의체'를 마련하여 산업재해 예방 활동을 펼쳐서 2019년에는 중대 재해 무재해 사업장 달성이란 성과를 내기도 했다.

감사의 핵심 자질과 역량은 '원칙의 준수'이다. 감사라면 원칙을 고수해야 한다. 감사가 제대로 일하면 주위에서 볼멘소리가 없을 수 없다. 만약 그런 소리에 흔들린다면 감사의 존립 가치는 흔들리고 추락할 것이다. 원칙을 지키며 앞으로 나아갈 때만이 성과를 거둘 수 있다. 나의 감사 분투기가 불행하지 않은 결말로 기록되는 이유는 답답할 만큼 원칙을 부여잡았기 때문일 것이다.

혁신 잠재력을
키워라

혁신의 난관에 직면할 때

우리 회사의 랜선 감사는 코로나19 팬데믹으로 예정된 업무에 차질을 겪던 다른 공기업·공공기관에 알려지기 시작했다. 우리의 랜선 감사 현황을 살펴보고 자기 조직에로의 도입을 검토하며 꽤 많은 곳에서 방문하여 자문을 구하는 중이다.

그럴 때면 한결같이 나오는 이야기가 몇 가지 있다. 가장 먼저는 "이게 진짜 되네요"라고 감탄한 듯 말한다. 그들은 벤치마킹하기 위해 찾아오면서도 마음속 한편에 회의적인 시각을 가지고 있었다. 인터넷과 화면을 이용하여 실질적이고 원활한 감사를 진행한다는 것은 불가능하다는 선입견을 품고 있었던 것이다. 앞에서도 이야기했지만, 랜선 감사를 시도할 당시에 가장 회의적이었던 그룹이 '감사 업무를 어느 정도 알거나 경험한 사람들'이었다. 말하자면 감사실 구성원들이나 과거 감사실에서 근무하다 실행 부서로 옮긴 이들이 랜선 감사는 어렵다고 더 비관적으로 보았다. 기존 관성과 편견은 새로운 도전의 장애물이다. 하지만 우리 감사실 직원들은 편견과 불확실성을 떨치고 과감하게 실천에 나섰다. 그리고 "이게 진짜 되네요"라며 자축할 수 있었다.

"이 시스템을 널리 퍼뜨려주세요"라는 부탁도 많이 듣는다. 자신은 현장을 직접 보면서 확신을 얻었지만, 자신의 상사와 구성원으로부터 의사결정을 끌어내기가 쉽지 않기에 랜선 감사가 광범위하게 퍼져서 설득력을 얻기를 기대하는 것이다. 이들은 변화를 주도하는 게 얼마나 힘든지를 스스로 고백하는 셈이다.

"코로나19가 완전히 종식되더라도 이 시스템이 더 확산되었으면 좋겠습니다"라는 말도 자주 들었다. 비대면으로 감사를 진행해야 하는 상황이 아니더라도 기술 기반을 활용하는 비대면 감사는 시간과 비용 측면에서 효율성이 크기 때문이다.

우리 회사는 매년 약 5~6곳의 해외 사업장에 실지 감사를 나간다. 항공료, 숙박비, 식비 등의 경비를 대략 잡아도 매년 출장 예산이 1억 원 가까이 소요된다. 우리는 2020년 해외 실지 감사를 모두 랜선 감사로 전환하여 약 7,000만 원 이상을 절약했다. 국내 실지 감사도 대부분 랜선 감사로 시행하여, 평년 대비 절반 정도의 예산 절감 효과가 있었다고 추산된다. 이제 실지 감사는 꼭 필요한 경우가 아니라면 굳이 고집할 필요가 없다. 코로나19가 완전히 종식된 이후에도 랜선 감사를 활용하지 않을 이유가 없다.

여러 사람이 바라는 것과 마찬가지로 나 역시 한 사람의 공기업 감사로서 나아가 한국감사협회장으로서, 우리가 어렵게 정착시킨 랜선 감사가 널리 활용되기를 바란다.

코로나19에 맞서 대한민국은 의료진을 필두로 온 국민과 정부가 힘을 합쳐 K−방역의 세계적 모범 사례를 만들었다. 랜선 감사도 그중 하나로서 'K−Audit'라는 이름으로 전 세계에 전파되었으면 하는 바람이다. 앞에서 이야기했듯, 랜선 감사에 대해 'K−Virtual Audit; LANSeon Audit'라는 국제 명칭을 정하고 2021년 개최될 싱가포르 세계감사인대회 등 감사들의 국제 교류에서 소개할 예정이다.

우리 회사의 랜선 감사와 같은 혁신 사례를 마주하는 이들에게서 공통적으로 엿볼 수 있는 감정이 있다. 그것은 혁신에 대한 두려움이다. '해보았자 안 될 거야', '나만 고생하고 실패하면 어쩌지' 등의 회의적인 생각이 도전을 가로막는다. 누군가가 먼저 나서서 대세가 되면 거기에 편승하고자 하는 마음이 커진다. 이런 마음가짐으로는 절대 혁신을 이룰 수 없다. 아인슈타인은 "어제와 똑같이 살면서 다른 미래를 기대하는 것은 정신병 초기 증세"라고 꼬집기도 했다.

또한 혁신은 축적이다. 도전이 하나하나 쌓여서 이루어진다. 편견과 고정관념, 회의적 시각을 버리고 '할 수 있다'는 생각으로 돌파해나가야 한다. 이 과정에서 강력한 의지와 실천력이 필요하다. 제아무리 뛰어난 아이디어가 넘쳐나도 이러한 결단력과 의지 그리고 실천의 축적 없이는 혁신을 이루지 못한다. 그리고 조직의 구성원들이 똘똘 뭉쳐야 한다. 나는 6개월이라는 짧은 시간에 온갖 시행착오와 싸우며 13차례나 매뉴얼을 개정해가면서까지 랜선 감사를 정착시킨 한전KPS 감사실 직원들의 창의성과 도전, 의지와 실천력에 존경의 찬사를 보내고 싶다.

주어진 틀을 거부하라

조직 혁신이 축적의 결과물이듯 한 사람이 혁신적 태도를 지니게 되는 것 역시 축적을 통해 이루어지는 것 같다. 시쳇말로 편하려고 들면 한없이 편할 수 있는, 심지어 주변으로부터 소극적 업무를 은근히 기대(?)받는 공기업 감사 자리에 있으면서 왜 그리 험난한 일을 벌이고 다니느냐는 이야기를 가끔 듣곤 한다. 그럴 때면 웃으면서 이렇게 대답하곤 한다.

"혁신의 유전자가 깊이 박혀 있는 것 같아요."

예전 미국 영화를 보면 인디언들이 말을 타고 달리는 장면이 나오는데, 한참을 가다가 잠시 말을 멈추고 꼭 주위를 한 차례 둘러보다가 다시 말머리를 돌려 달려가는 것을 볼 수 있다. 그런데 그 이유가 재밌다. "내 영혼이 못 쫓아올까 봐…."

잠시 이야기의 말머리를 돌려본다.

돌아보면 혁신에 대한 나의 삶도, 나의 생각도 오랜 축적의 산물로 보인다. 새파랗게 젊은 시절 시민운동을 하면서도 그랬다. 나는 전남 순천에서 전남동북지역사회연구소를 조직하여 지역사회 시민운동을 했었다. 그때 지방자치단체를 상대로 정보 공개 청구 소송을 통해 지방 행정 민주화와 투명화에 상당한 성과를 거두었다. 고(故) 박원순 전 서울시장이 참여연대 사무처장으로 활동할 당시 외국에서 정보 공개 청구 운동을 벤치마킹하러 온 사람들에게 "정보 공개 청구 운동의 선구자는 순천에 있는 전남동북지역사회연구소"라고 소개했을 정도였다.

하지만 지역사회 개혁 운동은 늘 난관에 부닥쳤다. 그 당시 임명직이던 지자체장 등의 권위주의와 비협조에 가로막히는 등 사사건건 지자체와 부딪혔다. 이후 지방자치제가 전면 시행되고 단체장이 선출직으로 바뀌어도 권위주의 풍토는 여전했다. 나는 시민운동만으로는 한계가 있다고 절감했다. 지방자치 영역으로의 진출이 필요하다는 판단이었다. 우리 단체는 지역 시민운동을 대표하는 지역 의원이 필요하다고 보고 시의원 후보를 출마시켰고, 결국 당선되었다. 시의원 한 사람으로 큰일을 해내긴 어려웠지만, 지방 행정에 대한 정보와 이해가 풍부해졌다는 측면에서 커다란 진전이 있었다.

그 이후에는 시장 선거에 후보를 내었으나 기성 정당의 높은 벽에 막혀 좌절되고 말았다. 나는 지역사회 시민운동의 혁신을 고민했다. 시민운동이 기성 정당의 브랜드 파워를 상쇄할 만한 조직적 역량을 갖추는 것을 꿈꾸었다. 이것은 엄청난 도전이었다. 그 당시 정치는 이른바 3김의 지역 분할 구도였다. DJ가 호남, YS가 영남, JP가 충청권의 맹주였으며, 이변이 없는 한 그들이 이끄는 정당이 그 지역 선거를 석권했다. 이런 구조하에서 지역 정치는 중앙 정치의 예속물에 불과하고 지방자치 고유의 가치는 훼손되고 왜곡되었다.

나는 '전국지방자치개혁연대(약칭: 전국자치연대)'라는 전국적 개혁적 자치 세력의 네트워크를 기획·조직하여 당시의 지역 독점 정치 구도에 도전하고자 했다. 전국자치연대가 전국적으로 공천하여 우리 후보가 호남에서는 새천년민주당 후보와, 영남에서는 한나라당 후보와, 충청에서는 자유민주연합 후보와 경쟁하는 구도를 그렸다. 우리에게 2002년 지방선거는 커다란 도전이었다.

김두관 당시 남해군수, 이재용 당시 대구 남구청장, 정동년 당시 광주 남구청장, 정성헌 당시 우리밀살리기운동본부장 등의 중량감 있는 인사들이 광역단체장 선거를 준비했고 기초단체장, 광역 및 기초의원에 이르기까지 100명이 넘는 후보가 출마를 준비했다. 그런데 초기 지방자치개혁연대는 지역 독점의 선거 구도에 신선한 바람을 일으켰지만, 새천년민주당의 중대 변화와 함께 기세가 약해졌다.

당시 새천년민주당은 노무현이라는 인물이 드라마틱한 국민 경선 과정을 거쳐 대통령 후보가 됨으로써 개혁적 상징 가치를 얻게 되었다. 노무현은 영남 출신으로서 김영삼 대통령의 지원으로 정계에 입문했지만, 명분 없는 3당 합당을 거부하고 잔류했다. 그리고 민주당 간판을 달고 국회의원과 부산시장 후보로 출마하여 연거푸 낙선함으로써 지역주의 정치 구도를 깨는 데 헌신한 인물이다. 노무현이 민주당 대통령 후보가 되자 지방자치개혁연대는 새천년민주당을 낡은 지역주의 정당으로 간주하고 대척점에 서는 것을 다시 고려해야 했다. 적어도 영남 지역에서는 그랬다.

나는 전국자치연대 창립 기획단장으로서 최초 발기인 대회부터 주장하고 동의를 구한 원칙이 하나 있었는데 바로 '지역 자결주의'이다. 비록 전국 동일 브랜드 파워는 약화되지만 어쩔 수 없는 선택이었다. 김두관 남해군수의 경우, 당시 노무현 대통령 후보와 손을 잡고 새천년민주당 후보로 경남도지사 선거에 나섰다가 낙선의 고배를 마셨다.

세계 최초 인터넷 정당

환경 변화로 인해 지방자치개혁연대의 기세가 약해지기는 했지만, 그 가치와 지향은 포기할 수 없었다. 다만, 과거와 다른 방식의 접근이 필요해 보였다. 그것은 새로운 자치와 분권을 지향하는 민주적 개혁 정당이었다. 걸출한 인물을 보스로 삼는 권위주

2002년 8월 29일 서울 흥사단 강당에서 '정치 혁명과 국민 통합을 위한 개혁적 국
민 정당 창당을 제안하는 국민 토론회'가 열렸다.

① 수백 명이 운집하여 흥사단 강당을 빼곡히 메웠다.
② 유시민 등 창당 주도 인물들은 "우리 정치가 밑바닥에서부터 근본적으로 바뀌
　어야 한다"고 역설했다.
③ 토론회에는 20대 젊은이들부터 60대 노년층까지 다양한 사람이 참석했다.
④ 나는 이 토론회에서 생활정치, 참여정치, 인터넷을 통한 직접정치, 자치의 확대
　를 통한 민주정치를 강조했다.

의 정당이 아니라, 시민의 자발적이고 광범위한 참여를 바탕으로 운영되는 활력이 넘치고 민주적인 정당이 요구되었다. 나도 그 정당 설립에 힘을 보태기로 결심했다.

정당 창립을 앞두고 참여자들 사이에 열띤 토론이 벌어졌다. 정당의 이름은 '개혁국민정당(약칭 개혁당)'으로 정해졌고 '부패 청산', '국민 통합', '참여 민주주의'를 기치로 내걸었다. 이때 나는 여기에 '인터넷 정당'을 추가하자고 주장했다. 우리가 내세운 가치들이 훌륭하지만, 다른 기성 정당과 차별성이 없어서 그저 그런 구호로 느껴질 수 있으니 선명한 차별성을 위해 '세계 최초 인터넷 정당'을 표방하고 '개혁적 네티즌'을 주력으로 삼자는 것이었다.

이 주장은 개인적인 경험에서 우러난 발상이기도 했다. 순천에 살던 나는 회의가 있을 때마다 상경했다가 다시 돌아가는 게 어지간한 고역이 아니었다. 시간을 아끼기 위해 야간열차를 타고 객차에서 눈을 붙인 뒤 아침에 도착하여 일정을 이어가는 일도 꽤 있었다. 그렇다고 회의에 참여를 게을리하면 정보에 소외되었고 의견을 개진하기도 어려웠다. 나를 비롯한 지방 사람들이 이런 고생과 상대적 불이익을 겪는 게 불합리하다고 느꼈다.

그리고 전국자치연대를 이끌면서 온라인 회의를 진행한 적도 꽤 많았다. 전문적인 화상 회의 프로그램을 갖출 만한 처지가 아니었기에 인터넷 커뮤니티의 채팅방을 이용했다. 음악 채팅방을 열고 음악을 틀어놓고 참여자를 기다리다가 다 모이면 음성으로 회의 배경 등을 설명한 후에 문자 채팅으로 회의를 진행했다. 참가자들은 처음에는 어색하고 낯설어했지만, 몇 차례 온라인 회의가 진행되면서 모두가 이 방식의 효과와 효율성을 알게 되었다. 당시 비교적 이런 온라인 소통 문화에 익숙했던 나는 인터넷 정당의 가능성을 확신하고 있었다. 그때에는 소셜네트워크서비스 같은 것은 없었지만, 인터넷이 막 활성화되기 시작했고, 각종 커뮤니티에서 정치적 의견 개진도 활발히 일어났다. 나는 충분히 가능한 일이라고 생각했다.

하지만 당시 회의에 참여한 사람들은 거의 모두 반대했다. 중요한 표방 가치로는 격이 떨어진다고 생각했던 것 같다. 이런 분위기에 굴하지 않고 오랜 시간 계속 토론과 설득을 해나갔다. 결국, 동의를 얻어냈고 인터넷 정당을 핵심 가치에 포함시켰으며, 창당 제안문에서 기존 '온·오프라인 병행 정당'이라는 구절을 '온라인 정당'으로 바꾸게 되었다.

나는 개혁국민정당 웹사이트를 만드는 과정에서 당원 가입 코너에도 크게 신경을 썼다. 2002년 8월 29일 웹사이트가 문을 열자마자 삽시간에 7,000여 명이 입당함으로써 기대 이상의 성과를 거두었다. 나중에 들은 이야기로는 당시 입당한 상당수가 '인터넷 정당'이라는 콘셉트에 크게 끌렸다고 한다.

개혁적 네티즌이 중심이 된 개혁국민정당은 성공적으로 발족하여 새로운 정치의 가능성을 보여주었다. 실제 정치 활동에서도 노사모와 함께 노무현 대통령 후보를 지원하며 성과를 나타내었다. 인터넷이라는 환경과 도구는 정치 혁신의 훌륭한 무기가 되었다. 불행히도 나는 노무현 후보의 당선 직후, 직장암 진단을 받아 투병해야 했기에 정치 일선에 나서지는 못하였다. 하지만 '세계 최초의 인터넷 정당'을 상상하고 기획하던 혁신의 추억은 여전히 내 안에 보람과 자긍심으로 남아 있다.

그 이후로도 인터넷을 통한 소통과 시민의 손쉬운 사회 참여, 정치 참여를 중요한 화두로 삼고 고민해왔다.

암 투병 이후 나는 우리의 대결적이며 적대적인 민주주의 현실을 토론 민주주의, 숙의 민주주의로 한 단계 고양시킬 대안을 찾는 데 고심했다. '하나의 의제로, 전국 어디서나 동시에, 대규모의 자발적 시민들이, 토론하고 숙의하여 의사결정할 방법은 없을까?'가 주된 관심사였다. 그 고민의 결과, 나는 대규모 숙의형 원탁 토론 전문 기관인 코리아스픽스(KoreaSpeaks) 설립에 적극 동참했고 초대 원장을 맡기도 했다.

국가나 지역사회의 민감한 사안을 결정할 때 흔히 공청회를 몇 차례 거치고 단순 설문 조사 등을 통하여 여론을 조사하는 방식이 주를 이룬다. 그런데 이 방식만으로는 민의를 수렴하고 파악하는 데 한계가 있다. 즉자적인 반응에 그칠 수 있기 때문이다.

조사 그룹이 한데 모여 일정한 시간 동안 전문가들의 견해를 포함하여 다양한 이해관계자의 의견을 충분히 들으며 사안을 파

READY FOR THE NEW NORMAL?

당신은 새로운 시대를 살 준비가 되었는가?

악하고 반대 의견을 지닌 사람과도 토의한 후 숙고하여 자기 생각을 정리하는 숙의형 토론 방식이 훨씬 깊이 있고 효과적이며 정확하다.

코리아스픽스(KoreaSpeaks)는 이러한 숙의형 토론을 통해 숙의 민주주의, 토론 민주주의 기틀을 세우고자 했다. 지금 코리아스픽스는 회사 형태로 발전하여 다양한 형태의 원탁 토론을 이끌고 있다. 앞에서 이야기했듯, 우리 회사 감사실 전체 토론을 잘 기획하고 진행해주어 참석자들 모두에게 엄청난 충격을 주기도 했다.

나는 늘 고정관념 혹은 기성의 질서에 쉽게 동화되지 못하는 것 같다. 그래서 "시민단체는 이래야 한다, 정당은 저래야 한다"는 관성적 틀을 깨고 끊임없이 새로운 시도를 했던 것은 아닐까. 그 성향과 기질은 지금도 크게 달라지지 않은 것 같다. 보수적인 공기업, 그것도 감사라는 조심스러운 자리에서까지….

하지만 혁신이 필요 없는 조직이 어디에 있겠는가. 아인슈타인의 "어제와 똑같이 살면서 다른 미래를 기대하는 것은 정신병 초기 증세이다"라는 말처럼 나는 그 어디에서든 다른 내일을 꿈꾸며 어제와 다른 삶을 살아가고 싶다. 그런 삶이 공동체에 훨씬 유익할 뿐 아니라 나 자신에게도 즐거움을 준다.

3
감사는
무엇으로 사는가?

감사는
어떻게 사랑하는가?

자베르 형사와 감사

책 읽기를 즐겨 하는 한 후배와 대화하다가 흥미로운 이야기를 들었다. 감사라는 직능을 생각하면 떠오르는 문학 작품 속 인물이 있다고 했다. 그 캐릭터는 빅토르 위고의 명작 『레미제라블』에서 주인공 장발장을 뒤쫓는 냉혈 경찰 자베르라고 한다. 처음 들었을 때는 뜻밖이었다. 자베르와 감사직 사이에 어떤 유사성이 있다는 말인가.

그러나 곧 이유를 알게 되었다. 영화나 드라마에 등장하는 감사 캐릭터는 대개 특정한 전형을 지닌다. 그들은 편협한 원칙주의자이다. 자신의 잣대로 인간적이며 선량한 주인공을 핍박한다. 때로는 주인공이 멋지고 창의적인 일을 시도하려 할 때 케케묵은 기준을 들먹이며 훼방을 놓는다. 주인공이나 주변 인물의 작은 허물을 들추어내어 상처를 헤집고 고통을 준다. 자신은 훨씬 더 사악한 존재이면서 말이다.

감사직에 대한 이런 나쁜 이미지가 형성된 것은, 현직 감사로서, 감사들이 모인 단체의 협회장으로서 몹시 속상한 일이다. 작가들에게 편지를 보내 이 억울함을 토로하고 싶은 생각이다. 작가들이 잠깐이라도 감사 업무를 경험해본다면 그런 편견은 깨질 것이다. 다만, 왜 그런 이미지가 형성되었는지는 짐작해볼 수는 있다. 감사직이 갖는 특수한 성격 때문에 비롯되었을 것이다.

『레미제라블』속 자베르 형사는 엄격한 법 집행을 부르짖는다. 그에게는 관용과 타협이 끼어들 여지가 없다. 따뜻한 인간애를 실천하는 장발장도 처벌받아 마땅한 범죄자로 본다. 그가 원칙을 시독하게 고수한다는 면에서, 잘못된 행위에 맞는 처벌을 고집했다는 면에서, 그것이 정의를 세우는 길임을 믿고 실천했다는 점에서 감사직과 비슷한 점을 찾을 수 있을지도 모르겠다.

하지만 이는 표피만 관찰한 것이다. 감사직은 회사 내부 구성원의 한 사람이다. 조직 내 자체 감사 기구로서 존재하며 예방적 기능에 초점이 맞춰져 있다. 그래서 훨씬 더 섬세하고 인간적일 수 있고 또 그래야 한다. 사람과 조직에 대한 애정의 기초 위에 존재한다.

자베르 형사는 사람을 돕고자 하지 않았다. 그에게서 사람은 실체를 알 수 없는 정의의 대상이나 도구처럼 여겨졌다. 그러나 감사가 감시하고 추적하고 적발하여 징계하는 일은 근본적으로 사람이 잘못에 빠지지 않도록 돕는 일이다. 휴머니티의 발현이라고 생각한다.

자베르는 결국 자신의 실패를 인정한다. 그리고 깨달음을 담은 마지막 말을 남긴다.

"사회는 완전하지 않다. 관헌도 흔들림을 받을 수 있다. (…) 재판관들도 인간이다. 법률도 잘못할 수 있다. 법정도 잘못 생각할 수 있다!"

자베르의 고백처럼 세상은, 사회는, 그리고 사람들 특히 중요한 직책을 맡은 이들 또한 완벽하지 않다. 그래서 불법적·비윤리적 행위를 예방하는 상호 감시자이자 보완적 존재로서 감사가 필요하지 않을까.

깊이 들여다보면, 자베르는 감사의 문학적 현현이 아님이 드러난다. 오히려 그는 감사의 기능이 없던 불완전한 사회의 희생자이다. 감사는 자베르에게 꼭 필요한 존재가 아니었을까?

감사는 사랑이다

사람은 날 때부터 악한 존재라는 성악설이 있고, 사람의 본질은 선량하다는 성선설이 있다. 일반적으로 감사라는 직업적 관점은 성악설을 바탕에 깔고 있다. 한나 아렌트는 『예루살렘의 아이히만』에서 '악의 평범성'이라는 충격적 개념을 이야기한다. 평범하기 그지없는 우리 이웃이 태연하게 끔찍한 일을 저지를 수 있으며 모든 사람이 당연하게 여기고 평범하게 행하는 일이 악이 될 수도 있다는 사실을 아이히만이라는 인물을 통해 드러낸다. 그렇다. 누구든지 악을 저지를 수 있다.

그래서 감사는 늘 사람을 의심한다. '혹시 저 사람에게 비위가 있는 건 아닌가?', '그가 부정이나 비위를 저지르지 않았는가?' 등의 의문을 던지고 산다. 의심은 감사의 직업병이다. 감사실 직원들과 이야기해보니 다들 그렇다고 한다. 예전에는 아내가 무언가를 하겠다고 하면, "그래, 잘되었으면 좋겠네. 내가 도울 일은 없어?"와 같이 이야기했다고 한다. 긍정의 언어가 주를 이루었다. 그런데 감사 업무를 하는 지금은 아내가 같은 말을 할 때, 의심스러운 목소리로 "왜 그렇게 해야 하지, 무엇 때문에 그렇게 하려는데? 지금 제대로 하는 게 맞아?"와 같이 대꾸하곤 한다고 한다. 그러면 아내로부터 따가운 눈총이 쏟아진다. 부정적 언어와 의심의 태도가 몸에 밴 것이다.

한동안 이를 두고 고민에 빠졌다. 본디 인간은 선한 존재인가 악한 존재인가라는 근본적 질문부터, '매사에 의심하고 부정적 태도를 견지하는 현상을 일종의 직업병으로 인정하고 감사 직무를 수행하는 동안만큼은 일시적으로라도 수용해야 하지 않을까'라는 실용적인 생각까지….

그러나 성악설의 임시 수용도 문제가 있다. 그것은 다른 사람에게 어떤 영향을 끼치는가를 떠나서 감사인 자기 자신에게 악영향을 준다. 내면에 긍정과 미소와 행복이 사라지고 부정과 권위주의 그리고 사랑 대신 미움과 불신이 자리 잡는다. 그리고 이것이 장기간 축적되면 자기 내면의 형질 변화를 가져와 굳어지게 된다. 이것은 옳고 그름을 떠나서 바람직하지 못하다. 나는 나와 내 주변이 선한 마음을 유지하면서 선한 영향력을 행사하여 모두가 행복해지기를 원한다.

그래서 본디 인간은 선한 존재임을 믿기로 했다. 다만 인간은 선하지만, 종종 악의 환경에 처하기도 하고 악마의 유혹에 넘어가기도 하는 존재라는 사실을 쿨하게 인정하자. 누구든지 언제 어디서 그 유혹과 함정에 빠질지 모른다. 문명이 발달하며 사회 체계를 구성하면서 조직과 그 조직의 구성원이 그러한 유혹에 넘어가지 않도록 고안된 것이 감사직 아니겠는가. 잘못된 유혹에 빠지지 않도록, 자신의 선한 가치를 잃어버리지 않도록 사전에 막는 존재가 감사라는 생각이다. 설령 유혹에 굴복한 경우가 있더라도 그의 잘못을 찾아내 합당한 징계를 함으로써 다른 사람이 비슷한 실패를 반복하지 않도록 경계하는 역할을 해야 한다.

따라서 감사의 의심과 통제는 억압이 아니다. 그것은 사랑의 발로이다. 끊임없이 의심하면서도 존중하고 배려하는 역설적 사랑이다. 감사의 역할은 사랑이다.

감사는
불필요한 존재인가?

일 안 하는 감사

감사의 역할에 대해 편견을 가진 사람이 더러 있다. 그들은 감사 절차 때문에 일이 번거롭고 느리나는 항변을 한다. 속도와 효율성, 이익을 지고지순의 가치로 여기는 이들 중 일부는 극단적인 방향으로 흐르기도 한다. 때로는 감사 무용론을 내세운다.

이런 시각은 실제 감사 현장에서도 광범위하게 존재한다.

"상임감사는 조용히 지내다 가는 게 최고다."

"감사는 굳이 실적을 올리지 않아도 된다. 실적이 없을수록 더 좋을 때도 있다. 감사가 실적이 없으면 회사가 건강하다는 반증이기 때문이다."

"감사의 소극성은 미덕이다."

"일을 찾아서 하지 말고, 대접받고 누리다 오면 된다."

이런 종류의 말을 막 부임한 상임감사에게 충고랍시고 떠들어 대는 사람들도 있다.

감사가 적당히 대접받으며 그 자리를 누리다가 조용히 임기를 마치고 퇴임한다고 해서 큰 문제가 생기지도 않는다. 실행 부서가 아니기 때문이다. 그래서 게으른 감사가 좋은 감사라는 말도 있다.

게으른 감사를 둔 조직은 단기적으로 편안할 수 있다. 눈치도 덜 보고 속 편한 것처럼 느껴진다. 그러나 이것은 자칫 끔찍한 미래를 초래할 수 있다.

극단적인 가정을 하나 해보자. '게으른 감사가 좋은 감사'라는 게 철학과 지침으로 굳어져서 우리나라의 모든 공기업·공공기관 감사가 적당히 대충 일하게 되었다고 가정하자. 어떤 일이 벌어질까? 그들이 평균적으로 재임하는 기간인 2~3년 동안은 별다른 일이 발생하지 않을 수도 있다.

그러나 몇 년의 시간이 더 흐르면 한국 사회는 공기업·공공기관에 대한 대규모 구조조정이라는 몸살을 앓게 될 것이다. 공기업·공공기관이 방만 경영에 빠지고 도덕적 해이로 건강성을 잃으면서 국민으로부터 신뢰를 잃게 되어 공기업을 구조조정하고 효율화해야 한다는 논리가 광범위하게 퍼지고 국민으로부터 지지받으면서 여론화될 것이기 때문이다. 당연히 정치인은 그런 국민 여론을 반영하는 공약을 내세울 것이다. 때로는 그런 정치 행위가 일어나지 않더라도 각종 비위나 방만 경영이 극심해지면 그 자체로 해당 공기업은 존폐 위기에 몰릴 수도 있다.

그때는 느슨해진 감사 때문에 일이 편해졌다던 공기업·공공기관 구성원들이 직접 타격을 입을 것이다. 경영 효율화를 주장하는 국민이 많아지고 방만 경영에 칼을 대야 한다는 논리가 설득력을 얻으면, 공기업·공공기관이 담당하던 공공 재화의 공급이나 공공서비스의 영역을 민영화하게 되면서 기존 직원들의 처우가 저하되거나 구조조정에 직면하여 일자리를 잃게 되는 것이다. 궁극적으로 공기업·공공기관의 주인은 국민이므로 국민에게 불만이 쌓이고 비효율적이며 불공정 불합리하다는 판단을 하게 된다면 그 결과는 이처럼 자명하다.

대통령선거나 국회의원 총선거가 있을 때 보수 정당이 단골로 내놓는 공약 중 하나는 "공공부문을 구조조정하겠다"이다. 만약 공기업·공공기관이 방만함과 비효율, 부정부패에 빠져 있다면 이 공약은 큰 설득력을 얻게 된다.

프랑스 마크롱 대통령도 공공부문에 구조조정의 칼을 대지 않았던가. 그리스도 비슷한 과정을 거쳤다. 우리 사회에서도 정파를 떠나서 언제든지 이런 일은 벌어질 수 있다. 원칙을 지키지 않는 느슨한 감사로 공기업·공공기관의 부실과 도덕적 해이를 방치한다면 미구에 이 같은 일이 닥치지 않는다고 누가 보장할 수 있을 것인가.

일하지 않는 감사는 개별 조직 차원에서도 크나큰 위험이다. 허술한 감사의 눈을 속이며 추진한 날림 계약은 회사를 부실 덩어리로 만들 수 있다. 그 회사가 문을 닫는다면 직원들은 일자리를 잃는다. 이런 부실이 연쇄적으로 일어난다면 종국에 한국 경제에도 커다란 충격을 줄 수 있을 것이다.

잠시 편하겠다고 감사에게 열심히 일하지 말라고 충고하거나 감사가 그런 말에 현혹되는 일이 있다면 이는 생각보다 훨씬 더 큰 위험을 초래한다는 사실을 깨달아야 한다.

제도가 아니라 운용의 문제

감사가 자기 권위를 내세우려고 갑질을 하는 경우가 더러 있다. 가혹한 잣대를 들이대며 먼지 털듯이 뒤지고 잘못을 침소봉대한다면 실행 부서가 일하기 힘들다. 이럴 때 감사가 잘못된 방향으로 갈 때를 대비한 견제 장치가 이미 존재하지만, 이와는 별도로 스스로 바로잡으려는 노력도 필요하다.

감사 기능이 과도하게 작동하면 실행 부서가 방어적으로 바뀌면서 소극적으로 일하게 된다는 분석은 일리가 있다. 따라서 감사에 있어서 의도치 않게 복지부동(伏地不動)을 조장하는 현상을 개선하고자 여러 가지 노력이 진행되고 있다. '적극 행정 면책 제도'는 그중 하나이다. 선의를 가지고 더 잘하기 위해 적극적으로 노력했는데, 사소한 실수나 절차상의 하자가 있을 때 그 일을 진행한 사람의 책임을 면해주는 것이다. 앞에서 이야기한 사전 컨설팅 감사 역시 업무 적극성을 촉진하는 감사 제도이다. 감사원도 공공부문의 활력을 불어넣기 위해 이런 제도들을 권장하고 있다.

그런 의미에서 감사는 적극적으로 일하고자 하는 사람의 협력자, 조언자가 되어야 한다. 새로운 시도를 억압하기보다는 권장하는 방향으로 감사를 진행해야 한다. 과거의 낡은 기준으로 사업 진행을 가로막는 것은 바람직하지 않다. 하지만 일부 잘못된 감사가 존재한다고 해서 감사 무용론에 설득력이 생기는 건 아니다. 감사가 실무에 비효율을 가져온다는 지적은 감사 제도 그 자체가 아니라 운용이 문제인 경우라고 보아야 한다.

감사 본연의 기능을 균형감 있게 공정·투명하게, 불순한 의도 없이 성실하게 수행한다면 문제될 것이 없다. 부분적 문제를 가지고 감사의 존립 근거 자체를 흔들면 안 된다. 교통사고가 감소하거나 일어나지 않는다고 해서 교통 법규나 제도를 폐지하거나 최소한의 교통 통제를 포기하지는 않는다. 감사에서 잘못된 것이 있다면 그것을 바로잡는 데 집중하며 더 나아가 통제 장치, 자정 기구를 만들어 운영하는 게 바람직하다.

한국처럼 기업을 유산으로 대대손손 물려주는 폐쇄적 족벌 경영하에서, 감사는 거의 하나의 형식에 불과하거나 법적 요건을 충족하기 위한 요식 행위에 지나지 않는다. 선진국처럼 소유와 경영이 분리되어 있다면 대주주가 경영진을 감시하기 위해서라도 강력하고 독립적인 감사를 두게 된다. 제대로 된 환경이라면 감사 무용론이 나올 여지가 없다. 공기업이든 민간기업이든 감사는 조직의 생존과 발전을 위해 필수불가결한 존재이다.

절벽 위에 선
감사

의자의 안락함에 취하지 말라

상임감사(위원)에 임명되어 출근하면 그야말로 극진한 대우를 받는다. 출근해서 퇴근할 때까지 나를 모시고 보살피려는 사람들이 주변에 넘쳐난다. 식사할 때도 챙김의 대상이 된다. 나의 경우는 비교적 기업 규모가 커서 비서, 승용차와 기사 등 많은 편의가 제공되었다.

조직에서 일하며 회의할 때도 "그렇지 않습니다", "아닙니다. 틀렸습니다" 등의 이야기는 들리지 않는다. "감사님 말씀이 옳습니다", "훌륭하십니다" 등의 말만 듣게 된다. 심지어는 내 눈치를 보아 의중을 살피고 내 생각과 비슷한 의견을 선제적으로 내놓는 사람도 있다.

그런데 이런 '서비스(?)'와 안락함에 녹아나면 안 된다. 내가 당연히 최고의 섬김을 받아야 할 위대한 사람이거나 통찰과 혜안을 지닌 지혜로운 사람이라는 착각에 빠질 수 있기 때문이다. 이런 착각은 매우 위험하며 현실과 동떨어진 신기루에 불과하기 때문이다.

현재 공기업 환경을 보자. 상임감사의 임기는 2년이다. 여기에 1년 단위로 연임이 가능하다. 그래서 통상 감사의 임기는 2~3년이다. 그런데 아주 오래된 직원들의 평균 근무 기간은 30년 내외이다. 직원들이 그 기업을 가장 잘 알고 사업에 대해서도 정통하다. 즉, 그들이 실제 주인된 자리에 가장 가까이 있는 사람들이다. 물론 공식적으로 볼 때 사기업의 주인은 주주이고 공기업의 주인은 국민이다. 하지만 이는 교과서적인 이야기이며 국민이 실제 주인의 권리를 실현하기엔 너무 추상적 존재이며 멀리 있는 존재이다. 그렇다면 상임감사는 어떤 존재인가. 직원들 특히 수십 년 근무해온 직원들이 보기에는 손님이다. 잠시 스쳐 지나가는, 단지 권한과 책임이 큰 사람일 뿐이다. 그런데 이것을 깜빡 잊어버릴 때가 있다.

추락하는 것은 날개가 없다

한 공기업의 감사가 이사회로부터 직무 정지 처분을 받았고, 이어서 해임된 일이 있었다. 그는 부임 초기에는 소명 의식과 열정이 넘치고 겸손함을 잃지 않았으리라. 그런데 좋은 대우와 보살핌, 깍듯한 의전에 취해 초심을 잃었다. 자신을 칭찬하는 사람들 속에서만 있었기에, 자신이 가장 현명하고 유능한 인물이라는 착각에 빠졌다. 이런 착각은 대체로 자신을 과대평가하게 하고 교만에 빠지게 한다. 결국 권위주의적 태도로 일관하자 곳곳에서 마찰이 생기기 시작했다. 그런데도 그는 자신이 모든 것을 바로잡을 수 있다고 믿었다. 자신의 힘을 과신했던 것이다. 그는 경영진, 중간관리자, 노동조합, 심지어 감사실 내부 등 회사 구성원들과 불필요한 갈등과 마찰을 불러와 깊은 생채기를 냈다.

그의 판단은 주관적 착각이며 신기루에 불과한 것이었다. 상임감사의 식견이 탁월하고 덕망이 뛰어나며 능력이 출중해서 그를 떠받들며 따랐던 게 아니었던 것이다. 단지 그가 지닌 막강한 권한 때문일 뿐이었다. 막상 현실적 이해관계가 충돌하면 그동안의 추앙과 복종은 흔적도 없이 사라진다. 이 점을 망각했기에 그는 씁쓸한 몰락을 할 수밖에 없었다.

최근 사기업 경영진의 운전기사가 차 안에서의 대화 내용을 모두 녹음해서 제보하여 문제가 된 일이 몇 차례 언론에 보도되었다. 그 대화 내용은 기업을 이끄는 리더이자 지식인의 처신으로는 도저히 이해할 수 없는 수준이었다. 한편 그 경영진들은 한결같이 자신이 운전기사에게 인간적으로 잘해주었다고 주장하지만, 녹음 파일은 다른 이야기를 하고 있었다. 그들의 처신은 옳지도 않았고 지혜롭지도 못했다. 주변에서 하찮아 보이는 일을 하는 사람이라고 무시해서는 안 된다. 나에게는 작아 보이는 일을 하는 낮은 신분의 사람일지라도 존중하고 깍듯이 대해야 한다.

이 같은 사례를 볼 때 높은 자리에 오른 리더가 몰락하는 원인은 자기 내부에 있음을 알 수 있다. 추락의 원인을 각자 스스로에게서 찾아야 한다. 그들에게 치명타를 가했던 문제는 외부에 있지 않고 내부에 있었다. 만약 그들에게 허점이 없었다면 그렇게 무참히 몰락하지는 않았을 것이다. 지위의 무게를 잊고 안락함에 취해 방심하는 사이에 치명적인 약점을 만들었다. 그리고 바로 그 지점에 작은 공격을 받자 쓰러지고 말았다.

높지만 위험한 자리

나는 상임감사(위원) 자리가 조직 내에서 우뚝 솟은 곳이라고 생각한다. 수많은 사람이 나를 올려다본다. 좋은 대접을 해주고 존경심을 표현한다. 그러나 그 근거는 내가 훌륭해서가 아니다. 내가 가진 권한 때문이다. 막강한 권한을 부여받았기에 존중하고 따르는 것이다. 그러므로 '용비어천가'를 멀리해야 한다. 나를 칭송하는 사람들이 모여들면 스스로 비상벨을 울려야 한다. 사람은 의외로 허약하다. 조금씩 무너진다. 나도 오만에 빠지지 않으려고 늘 경계하고 있다.

상임감사가 자리를 잡은 높은 곳은 가파른 절벽이다. 고독하고 위태롭다. 모든 것이 노출되어 있다. 곳곳에 눈과 귀가 있다. 작은 흠결도 잘 드러난다. 누가 적인지도 모른다. 내부의 적이 있다면, 그들은 정말 무서운 존재다. 어디에서든 나를 향한 화살이나 돌이 날아올 수 있다.

경계하고 또 경계해야 한다. 겸손을 잃지 않아야 한다. 겸손은 미덕이 아니라 나를 지키는 생존의 길이다. 진정으로 겸손해야 한다. 그렇지 않으면 한 방에 쓰러진다. 그리고 그 한 방은 먼 곳이 아니라 가까이에서 온다.

겸손,
생존의 무기

대접에 익숙해지지 마라

상임감사의 책무를 받아 출근하면서 낯설고 어색한 광경에 맞닥뜨렸다. 출근하면서 내 차량이 회사 입구에 도착하면 1층 안내 데스크에 있던 직원이 뛰어와서 차 문을 열고는 내가 내리면 닫았다. 퇴근할 때도 마찬가지였다. 나를 따라와서 차 문을 열었고 내가 차에 타면 닫아주었다. 출퇴근 때만 그런 것이 아니었다. 외부 약속이나 식사를 위해 잠시 외부로 드나들 때도 빠지지 않고 차 문을 열었다가 다시 닫아주었다.

건물로 들어와 엘리베이터에 탈 때도 당혹스러운 상황을 겪었다. 안내 데스크 직원이 엘리베이터를 대기시키고 있다가, 함께 엘리베이터에 타고는 내 사무실 층수 버튼을 누르고는 그곳까지 함께 올라갔다가, 내가 내릴 때 인사를 하고 다시 1층으로 내려갔다.

나는 이것이 과하다고 생각했다. 그래서 차 문을 여닫는 것이나 엘리베이터를 대기시켰다가 함께 타는 것을 하지 못하게 지시했다. 그러면 그다음 날에는 그렇게 하지 않았다. 그러다 사나흘이 지나면 예전과 똑같이 했다. 그렇기를 두세 차례 반복했다.

나는 곰곰이 생각해보았다. '내가 달가워하지 않는다는 것을 알 터인데, 지시하면 며칠 그러지 않다가 이내 되돌아가버리는 이유가 무엇일까? 혹시 이들의 일자리와 관련된 문제가 있는 것은 아닌가?'라는 생각까지 들었다. 결국 타협점을 찾았다.

그래서 차 문을 열었다 닫아주는 것은 출근과 퇴근 때만 하도록 정했다. 식사와 외부 약속 등으로 근무시간 도중에 출입할 때에는 하지 않도록 지시했다. 엘리베이터를 잡는 것까지는 괜찮은데 함께 타고 가는 것은 하시 않노록 성했다. 이게 무슨 대수냐 하겠지만 관행을 고친다는 것은 쉽지 않다. 겨우 이 정도 방침을 정하는 일에도 수차례 실랑이를 해야 하니 말이다.

나는 의전 서비스에 매이는 사람이 아니라고 자부하고 있었다. 그런데 이것은 그야말로 착각이었다. 한번은 휴일에 아내와 외출했다가 어떤 사무실에 들를 일이 생겼다. 아내와 함께 입구 로비를 거쳐 엘리베이터 앞에 도착했다. 내가 앞서 걷고 있었는데, 나는 엘리베이터 앞에 멀뚱히 서 있었다. 아내가 "버튼 안 누르고 뭐 하고 있냐"고 말하자 정신이 퍼뜩 들었다. "이 사람이 대접을

좀 받더니 그새 나쁜 습관이 들었다"는 아내의 지적에 죽비를 맞은 듯 정신이 번쩍 들었다. 나도 내 모습이 하도 어이가 없어 씁쓸하게 웃고 말았다. '아, 사람이란 이런 존재구나' 하는 각성이 생겼다.

대접받는 데 익숙해지면 안 된다. 그것을 자연스럽게 받아들이고 허용할수록 그 정도가 더 심해진다. 가랑비에 옷이 젖는다. 사소한 대접 하나하나가 빗방울이다. 원칙을 세워야 한다. 공적인 공간과 사적인 공간, 공적인 업무와 사적인 일을 구분해야 한다. 스스로 편해지겠다는 생각이라면 그럴 필요가 없을 것이다. 부하 직원들이 자질구레한 것까지 챙기기 때문이다.

하지만 분명한 선을 긋고 그 범위를 벗어나는 데 예민해져야 한다. 그러지 않으면 자기도 모르는 사이에 공사를 혼동하며 사람을 막 부리고 갑질을 일삼는 형편없는 인물이 된다. 그리고 '그게 무슨 대수냐'고 항변하게 된다. 부적절한 습관이 의식 깊숙이 스며들어 사람을 망쳐놓는 것이다.

겸손이라는 백신

갑자기 큰 조직의 독립적 기구인 감사실 최고 책임자가 되면 달라지는 것이 많다. 대접과 서비스가 극진하다. 처음에는 어색하지만, 점차 익숙해지고 나중에는 그것을 당연한 듯 여기게 된다. 권위주의적 문화가 상당 부분 남아 있는 우리나라 일부 조직에서는 상급자를 '모신다'는 의식이 아직 강하다.

이 '모심'을 자연스럽게 받아들이고 축적되면서 자신도 모르게 변질을 경험한다. 그래서 의식적인 노력이 필요하다. 급한 용무가 아닐 때는 대중교통을 이용하고 개인적인 물건을 살 때 마트나 전통시장을 찾는 등 스스로 불편을 감수하는 것도 좋다. 물론 남에게 보여주려고 그럴 필요는 없다. 마음에 우러나는 대로 자연스럽게 행동해야 한다.

공식적인 의전은 공적 위계와 질서, 예법과 관련된 문제이기에 관례를 따르면 된다. 업무상 불가피한 배려도 받아들이면 된다. 하지만 공적 업무 범위를 벗어나서도 '모심'을 계속 받으면 안 된다.

공기업·공공기관 상임감사는 의전상으로 CEO와 동등한 지위다. 물론 권한과 책임, 거느리는 사람 면에서 CEO가 윗사람이라 할 수 있지만, 역할의 차이가 있을 뿐이며 공식적 위상은 동등하다. 나를 감독하면서 상시적으로 비판하거나 지적할 사람이 거의 없는 최고위직으로서 스스로 항상 경계하며 노력해야 한다. 또한, 상임감사는 감시·감독과 징계를 하는 지위다. 이것은 조직 구성원과의 관계에서 우위에 서는 측면이 강하다. 그러기에 큰 권위가 생기고 자칫하면 권위주의에 빠질 수 있다.

감사 행위는 상당한 권한을 내포한다. 일종의 권력적 성격이 있다. 권력은 사람을 마비시키는 마성이 있다. 그런데 권력에 중독되면 치료제가 없다. 오래 권력에 노출되면 자신도 모르게 도덕적으로나 정서적으로 타락할 소지가 크다. 권력에 취하면 독직, 독선, 부패로 흐른다. 그 과정이 매우 자연스럽게 이루어진다. 나도 못 느끼는 사이에 그렇게 된다. 이것은 내 판단이 아니라, 인류 역사의 교훈이다. 작은 권력에 취하는 사람은 더 큰 소임을 맡을 수 없다. 소위 그릇의 크기가 나온다. 권력을 행사하는 자리에 있으면서 자신을 망가뜨리기 싫다면, 이를 위한 백신이 필요하다. 그 백신은 겸손이다.

스스로 경계하지 않으면 조금씩 오만과 권위주의에 빠져들며 무너진다. 나는 늘 스스로를 경계한다. 아니 경계하려고 노력한다. 그리고 되뇐다. '내가 뛰어나고 훌륭한 인물이라서 존경과 대접을 받는 것이 아니다. 내가 맡은 공적 책임에 대한 존중일 뿐이다. 언제든 사라질 수 있다.' 이것이 내가 맞는 겸손의 백신이다.

권위주의를 경계하라

유교 전통에 더하여 군사 독재의 잔재가 쌓여온 한국 사회는 서구보다 권위주의 문화가 훨씬 강하다. 우리나라의 많은 조직 역시 권위주의가 깊이 스며들어 있고 관행으로 굳어진 것들도 꽤 많다. 대부분의 조직에서 권위 의식이 강하게 나타난다. 그러나 상명하복식의 권위주의가 조직의 성장에는 도움이 되지 않는다. 현대 사회에서 의사결정은 자유롭고 창의적으로 이루어져야 큰 성과를 낼 수 있는데, 권위주의가 이 과정을 가로막는다.

감사 직무는 권위주의가 침투하기 더 쉽다. 관리 감독과 징계를 맡고 있으며 비밀이 많고 보안을 중요하게 다루기 때문이다. 비밀주의는 위험하다. 투명성이 낮고 공개적이지 않기에 권력과 정보의 독점 현상이 빚어지며 권위주의적 경향이 나타나기 마련이다.

비밀을 취급한다는 업무 특수성이 권위주의 문화의 변명이 되어서는 안 된다.

비밀주의적 요소를 확대해석하거나 악용하여 권력과 정보를 독점적으로 행사하는 사람들이 있다. 물론 개인 도덕성이나 자질이 뛰어나 바람직한 방향으로 나갈 수도 있다. 하지만 공개되지 않으면 자의적으로 변질된다. 자기 자신과 자기 조직만을 위해서 부적절하게 권한을 행사할 가능성이 커진다. 그렇기 때문에 가급적 절차를 투명하게 집행하고 조사 진행 중인 내용을 제외하고는 정보 공개에 적극적으로 나서야 한다.

때로 감사는 배우와 같다는 생각을 한다. 평소에는 창의적이고 탈권위적이고 유쾌하게 일하다가, 조사 업무를 진행할 때는 역할 모드를 바꾸고 엄숙하고 권위 있게 해야 한다. 이런 전환 스위치를 자유자재로 켜고 끄는 공력을 갖춘 감사가 진짜 실력자다.

소통하는
감사

고립되지 마라

일반적으로 감사는 고독한 자리이다. 조직 내 다른 사람을 감시·견제하고 잘못된 부분을 찾아내 지적하고 때로는 징계를 감행하는 권한과 책임을 지녔기에, 가능한 한 피하고 싶은 존재이다. 감사와 자주 만나 허심탄회하게 이야기를 나누고 싶어 하는 사람은 매우 드물다. 심지어는 감사실 내부에서도 그렇다. 조직의 최상층부에 있기에 감사실장 등 바로 아래 부하 직원들과만 접촉하는 경우도 많다. 예전에 공기업의 상임감사 중에는 감사실장만 독대하고 부장도 거의 만나지 않은 분들도 있었다고 한다.

하지만 감사는 조직 내외부에서 폭넓게 사람을 만나고 소통해야 한다. 그래야 현장의 분위기를 익히고 고립되지 않는다. 편견에 빠지지 않으며, 고집불통이 되는 것을 막을 수 있다.

좋아하는 사람만 찾고 가고 싶은 곳만 가서는 안 된다. 밝은 곳만 보지 말고 어두운 곳도 보아야 한다. 높은 곳만 쳐다보지 말고 낮은 곳도 살펴보아야 한다. 지위가 높은 사람이나 대단한 사람만 찾지 말고 취약하고 평범한 사람도 살펴야 한다. 위쪽만 보고 달리면 빨리 고지를 밟을 수 있을지 모른다. 하지만 그러는 동안 그는 고립되고 망가질 것이다. 출세를 못 한다는 말이 아니다. 할 수도 있을 것이다. 하지만 우리 인생이 인격을 완성해가는 과정이라 보았을 때 그 과정이 훼손된다는 뜻이며 조직 내 리더로서의 품격과 지도력이 추락한다는 의미다. 그러니 조직 내외부에서 폭넓게 소통하며 인간적으로 성숙할 수 있도록 의식적으로 노력해야 한다.

감사실 내 소통

나는 감사실 안에서 업무에 관한 소통을 다면적으로 하려고 노력한다. 감사실장과 부장들은 거의 매일 만나 현안을 토의한다. 이때 위계질서와 업무 프로세스를 존중하며 지킨다. 중간관리자를 빼놓고 실무자에게 보고받거나 지시하는 일은 없다. 그렇지만 조직의 정점에서 바로 아래의 간부들과만 소통하면 생각의 폭이 닫힌다. 다양한 이야기를 들을 수 없다. 스스로 경계함으로써 권위주의에 빠지지 않으려 해도 한계가 있다.

그래서 조직 내에서 비공식적인 소통을 위해서도 노력한다. 일선 직원들을 매주 두세 그룹씩 팀 단위로 만나고 있다. 어떤 때는 그 미팅에서 팀장(부장)을 빼버린다. 점심시간이나 오후 나른한 시간의 티타임을 주로 이용한다. 장소는 가능하면 가까운 회사 밖 커피숍이나 식당으로 한다. 그러면 대화가 훨씬 더 자유로워지고 솔직한 이야기들이 많이 나오곤 한다.

특정 주제가 있다면, 이와 관련되었거나 여기에 관심을 가진 직원을 모아서 함께 식사하거나 차를 마시며 허심탄회한 이야기를 나눈다. 꼭 이야기할 주제가 없더라도, 두루두루 구성원들을 만나고자 한다. 나는 감사실 명부를 가지고 일종의 무작위 뽑기 판(이런 랜덤 추첨 앱이 있다) 같은 것을 만들었다. 무작위로 추첨해서 점심을 함께하거나 차를 마시며 이런저런 이야기를 나눈다.

자주는 못했지만 이런 소통을 통해 나 스스로 생각의 폭이 넓어지는 것을 경험한다. 나와 함께한 직원들도 마찬가지라고 한다. 서로에 대한 이해가 깊어지고, 감사의 철학과 방향을 공유하며 조직 내에서 함께 고민해야 할 중요한 지점이 무엇인지를 파악하게 된다.

위계질서 안에서의 공식적 소통과 체계를 벗어난 비공식인 소통을 병행하는 것은 조직의 건강성을 유지하는 데도 도움이 된다. 좁게는 나를 지키는 데도 유용하다. 그래서 끊임없이 소통의 문을 넓히려고 시도하고 있다.

조직 내에서 비공식적이고 자유로운 소통을 할 때는 그때그때 세상의 가십거리나 신변잡기를 화제로 올리기보다는 1년이나 분기 단위로 특정한 주제를 정하면 효과적이다. 예를 들어 2019년 시무식 때 나는 '악의 평범성'을 화두로 꺼냈고 대화할 때마다 이것을 화제로 삼곤 했다. 이 주제는 감사가 어떤 관점에서 사람을 보아야 하는지에 대한 인문학적 바탕이기 때문에 흥미로운 대화가 가능했다.

2020년에 시무식 때는 '기업문화'가 화두였다. 이에 대해 틈나는 대로 대화를 나누며 변화의 방향을 찾고자 했다. 앞에서 문화 워크숍에 관해 이야기했듯, 유연하고 감성적인 접근을 통해 창의적이며 막힘 없는 소통이 일어나도록 애쓰고 있다.

CEO와의 소통

감사는 CEO의 견제자인 동시에 협력자로서 자기 역할을 감당해야 한다. 그런 점에서 CEO와의 소통도 매우 중요하다. 감사가 겸손하지 못하고 자기 권위를 과도하게 내세우면 CEO와 갈등이 빚어지곤 한다. 권위 의식의 충돌 같은 것이다.

CEO와 감사가 갈등 관계에 있는 조직은 매우 불행하다. 양쪽의 힘이 부닥치면 직원들은 고통을 겪는다. 상임감사가 CEO와 파워 게임을 펼치는 공기업을 본 적이 있다. 이 기업 구성원들, 특히, 감사실 직원들은 어떻게 해야 할지 몰라 우왕좌왕했다. CEO

의 지시를 따라 일하면 감사가 그 직원을 괴롭혔다. 감사 편에 서서 일하면, CEO가 싫어했다. 인사권을 행사해 불이익을 주기도 했다. 갈등이 빚어질 경우, 대개는 CEO가 싸움에서 우위에 선다. 권한과 사람이 더 많고 인사권도 행사할 수 있기 때문이다.

물론 감사실 인사에 있어서는 특별한 사정이 없는 한 상임감사의 요구대로 하도록 되어 있다. 여러 가지 규정을 통해 감사와 감사실이 독립성을 보장받는다. CEO가 그것을 존중하도록 규정되어 있다. 하지만 형식상으로는 감사실 직원에 대한 최종 인사권도 CEO에게 있다. 극한 대립 상태에서는 감사실 인사의 독립성을 인정하지 않고 CEO가 권한을 일방적으로 행사할 수도 있다. 이런 일은 거의 없지만, 실제로 일어나면 직원들은 너무 힘들어진다. 조직 전체가 고통과 갈등과 퇴보의 악순환에 빠진다.

CEO와 감사 간의 갈등이 모두 감사의 태도나 방식이 잘못된 데서 비롯된다고 말하기는 어렵다. 그러나 겸손한 자세와 태도로 소통하는 감사는 이런 종류의 갈등에 빠지지 않을 가능성이 크다. 반면 자세나 태도가 잘못되고 소통을 회피하면 서서히 문제가 쌓인다. 오해가 쌓이고 관계가 변질되고 나빠진다.

더구나 경영진과 실행 부서는 대개 감사실에 비우호적이다. 그도 그럴 것이 감사실은 도와주는 일보다 벌주는 게 일상이다. 따라서 어쩔 수 없는 측면도 있다. 나는 부임 직후 전무(상임이사)들과의 식사 자리에서 공개 선언(?)을 한 바 있다. "아무리 상임감사

혹은 감사실과 언짢은 일이 생겨도 사장님과 감사 사이를 이간질 해서는 안 된다. 꼭 지켜달라."

물론 정색을 하고 이야기한 것은 아니고 과거 타(他) 회사 사례 등을 언급하며 가벼운 농담 식으로 건넨 말이라 다들 웃으며 "잘 알겠습니다!"라고 했지만, 참석자 모두는 그 뜻을 잘 이해했으리 라 생각한다.

감사가 자기 권위를 내세우기 위해 무리하게 경영진이나 실행 부서를 압박하면 안 된다. 이것은 부당한 개입이다. 감사의 기능 에 머물러야 한다. 감사의 범위를 넘어서 인사나 사업에 과도하게 관여해서도 안 된다.

예를 들어 CEO가 인사를 하기 직전에 감사에게 인사 계획을 의논하기도 한다. 중책을 맡게 될 후보자 중에 문제가 있어서 내 사 중이거나 과거 징계 이력이 있는지에 대해 조언을 받기 위해서 이다. 이때 감사는 CEO 의중을 존중하면 된다. 그래서 CEO가 모르는 사실이 있다면 여기에 대해서만 의견을 내면 된다. 그러면 CEO가 도움을 받을 수 있다. 이런 상황이 가장 이상적이다.

우리 회사는 승격 검증 위원회를 만들었다. 여기에 감사실장이 참석한다. 승격 대상자 중에 모든 조건이 갖추어졌는데, 징계 이 력이 있거나 현재 중대 비위 혐의로 감사를 받고 있는 사람이 있 을 수도 있다. 여기에 대해 정보를 제공하고 검증하는 역할을 한 다. 승격 후보자 리스트가 나오면 감사실장이 그 사람들에 대한 조사 경과, 과거 징계나 비위 이력 등에 대해 가능한 정보를 제공한다. 이것은 철저히 비밀이 유지되어야 한다. 밖으로 새나가면 커다란 오해와 갈등이 초래되기 때문이다. 감사의 인사 참여는 이런 방식의 공적 시스템의 리스크를 제거하는 데 초점이 맞춰져야 한다.

그런데 감사가 어떤 대상자와 친분과 인연이 있다는 이유로 능력과 상관없이 CEO에게 이번엔 이 사람을 승진시키고, 저 사람은 어떤 부서에 배치해달라는 식의 요구를 하는 것은 감사 직무의 범위를 벗어난 월권이다. 여기서 갈등이 시작될 수도 있다.

감사가 자신에게 대단한 권력이 주어진 것처럼 착각하거나 청탁을 받아들이면, 무리해서 인사와 업무에 개입하게 된다. 부당한 압력을 행사하고자 한다. 심지어는 이런 월권을 통해 감사로서 자기 존재를 증명한다고 느끼는 사람도 있다.

이런 감사는 결국 불필요한 문제를 일으키거나 갈등을 초래한다. 만약 CEO가 잘 조절하면 파국까지 가지는 않지만, 양보하지 않는다면 극단으로 치달을 수도 있다. 감사는 겸손한 자세를 유지하며 권위주의적 모습을 벗어야 한다. 자기 권한 내에서 소신과 원칙에 따라 독립적으로 일하고 동시에, CEO와 소통하고 협력하려는 자세를 보여야 한다.

감사가
갖추어야 할 자질

공공성과 소명 의식

공기업·공공기관은 공익을 위해 존재한다. 이윤이 주된 목표가 아니나. 공기업·공공기관의 감사는 이러한 공공성에 대한 인식이 철학적 바탕을 이루어야 한다. 이 위에 소명 의식이 중심을 잡아주는 게 좋다.

직위를 수행하는 데 꼭 필요한 자질로 직무 전문성을 꼽는 사람들이 많다. 물론 전문성은 중요하며 반드시 갖추어야 한다. 하지만 첫 번째는 아니다. 사람마다 편차가 있겠지만, 전문성은 노력하면 도달할 수 있는 영역이다. 하지만 철학과 태도의 영역은 단기간에 갖출 수 없다. 일부는 선천적이다. 타고나야 한다. 그리고 일부는 부단히 노력하고 연마해야 한다.

얼핏 보면, 감사는 책임질 것은 별로 없고 권한은 상당히 센 편이라고 생각할 수 있다. 인식과 태도가 잘못된다면 언제든 오만의 수렁에 빠질 수 있다. 감사가 마땅히 해야 할 일은 하지 않고, 엉뚱한 데 관심을 두게 된다. 갑질을 하거나, 권위를 내세우려고 사업 부서를 과도하게 감사하여 핍박한다. 조직 내 파워 게임을 하는 데 감사 권한을 악용할 수도 있다. 감사의 본령에서 벗어나 조직과 구성원에 위해를 가하게 된다.

공기업·공공기관 감사는 항상 조직의 주인이 누구인지를 환기해야 한다. 공기업·공공기관은 국민의 소유다. 국민이 주인이다. 그런데 국민은 추상적 존재이다. 그래서 선거를 통해 국민을 대리하고 대표할 사람을 뽑는다. 국민의 대표자는 국민 소유의 공기업·공공기관을 경영할 사람을 선정하고, 이들을 통해 정부와 산하기관을 책임지고 이끌어간다.

공기업·공공기관 리더들은 국민을 대리해서 조직을 경영하며 국민에게 필요한 공적 재화와 서비스를 공급한다. 특히 민간기업이 제공하기에 적절치 않은 공공재·필수재를 공급하는 역할을 한다. 민간기업이 감당하기 어려운 과제가 공기업·공공기관에 주어진다. 이 과제를 수행하기 위한 경영 권한을 국민에게 위임받아서 기업을 운영하는 것이다. 공기업·공공기관 감사는 국민에게 위임받은 공적 역할, 조직의 공공성이 잘 실현되는지를 감시하는 사람이다. 공기업이 국민을 위해 작동하도록 헌신해야 한다. 그러므로 공공성 인식과 소명 의식이 첫 번째가 되어야 한다.

만약 공공성 인식과 소명 의식이 없다면, 공기업 경영진이나 감사 등의 지위가 권력 투쟁에 이겨서 얻어낸 전리품이라고 여기게 될 것이다. 이 전리품은 일시적으로 점유하는 것이지만, 사유물이 되어버린다. 그래서 누리는 동안 최대한 이익을 취하려 할 것이다. 이것이 공공성을 망각하고 전리품을 나누는 사고에 빠졌을 때의 함정이다.

결국, 공기업·공공기관 감사는 국민의 신임을 바탕으로 위임받은 직무이자 권한이다. 그것도 한시적이다. 대통령이나 지방자치단체장, 그 밖의 모든 선출직 공직이 그렇지만, 이들 권력으로부터 임명받은 공기업·공공기관 역시 위임의 연장선 위에 있다. 공기업·공공기관은 국가 경영의 최일선에 있다. 국민과 직접 부닥치는 현상이다. 그곳에서 국가 경영의 생생한 현장을 책임진다는 의식이 필요하다. 이런 공공성과 소명 의식을 바탕으로 국민과 눈높이를 맞추며 일해야 한다.

신임 감사에게 권한다

감사로 임명받아 직무를 수행하면서 어떻게 일해야 할지 조언을 구하는 사람들이 가끔 있다. 그럴 때면 크게 3가지를 이야기한다.

첫째, 어떤 경우에도 사적 이해관계에 얽매여 금품·향응을 받으면 안 된다. 혹자는 '우리 사회에 아직도 그런 문화가 남아 있냐'고 되묻는 사람들이 있다. 물론 우리 사회가 많이 투명해지고 깨끗해졌지만, 여전히 나쁜 관행이 완벽히 없어지지는 않았다는 것이 내 생각이다. 조직 내부든, 외부든 감사에게 무언가 주어서 관계를 만들고 이익을 보고자 하는 사람이 있다. 소리 없이 그런 유혹이 온다. 여러 가지 명분과 핑계, 인맥을 타고 자연스럽게 찾아온다. 이때 허점을 보이면 완전히 무너진다. 처음부터 벽이 허물어지면 그다음에는 모든 것이 어렵다. 하지만 처음부터 과할 정도로 엄격함을 유지하면 나중에 원칙을 지키면서 유연성을 발휘하기 더 쉽다.

업무 외의 모든 편의로부터 자신을 방어하라. 이것은 생존을 위한 방어이다. 사적인 대접, 개인적인 보살핌을 거부하라. 예를 들면 일과 시간 이후나 휴일에 개인 외출이나 용무를 도와주는 일 등의 편의를 거절해야 한다. 수행비서가 있는 경우 재임 중 승격(승진) 대상이 되는 직원을 수행비서로 선발하지 않는 것이 바람직하다. 사적인 자리라면 자기 비용은 자신이 내야 한다. 더치페이가 되지 않는 분위기라면 자신이 모두 내라. 사소한 일에서부터 기준과 원칙이 무너지고 허점이 보이기 시작하면 나중에 걷잡을 수 없이 구멍이 커진다.

"저 사람은 세상 물정 모르네.", "답답해, 꽉 막혔어." 이런 평가가 나올 정도로 원칙대로 해야 한다. 세상에 비밀은 없다. 받아도 되는 봉투는 없다. 사방에 눈과 귀가 있다. '이 정도는 괜찮겠지'라며 봉투 하나를 받으면, 또 다른 사람이 찾아와 봉투를 건넨다. 이미 그런 사람임을 알고 있기 때문이다. 작은 구멍 하나를 그대로 두면, 그 구멍이 더 커지고 결국 큰 댐도 무너진다. 한 치의 틈도 보이면 안 된다. 이렇게 원칙을 지켜야 감사로서 도덕적 정당성과 힘이 생긴다. 그렇지 않으면 통제력을 상실하게 된다. 부임 초기, 답답할 정도로 원칙주의자가 돼라. 이것이 신임 감사에게 권하는 첫 번째 충고이다.

둘째, 최대한 빨리 업무를 파악하라. 업무 보고를 충실히 받아라. 모르는 것은 질문하면서 배워라. "잘 모르겠는데요 추가로 설명 부탁합니다"라는 말을 부끄럽게 여기지 말라. 특별히 공부해야 할 내용이라고 생각되면 집요하게 파고들어 익히라. 그 기업의 산업적·기술적 내용도 공부하고 무엇보다 감사 직능에 대해서는 전문가의 반열에 올라야 한다.

나는 상임감사 부임 후 업무를 빨리 파악하고자 하는 열의가 넘쳤다. 무리하다 싶을 정도로 업무 보고 일정을 잡았다. 2주간 업무 보고를 받고, 회사 현안과 감사 업무에 대해 검토했다. 과로 때문에 심한 몸살을 앓아야 했지만, 그때의 공부가 이후 직무 수행을 위한 기초 자양분이 되었다.

셋째, 사람을 파악해야 한다. 업무를 파악하고 공부하면서 일뿐만 아니라 사람에 대해서도 어느 정도 파악하게 된다. 업무 보고를 받거나 토의를 하는 과정에서 그 사람의 전모는 아니지만, 스타일이나 성향, 태도, 전문 분야, 문화, 철학 같은 것이 조금씩 엿보인다. 이것을 주의 깊게 살펴야 한다.

감사실 조직원들은 어떤 성향이나 특성을 가졌는지, 임원과 실행 부서 중간관리자들은 어떤지 등도 파악하는 게 좋다. 그럼으로써 조직의 총체적인 모습을 볼 수 있게 된다. 문서만 보아서는 실체를 알 수 없다. 사람을 중심으로 입체적 통찰력을 발휘해야 한다. 그렇게 함으로써 조직을 장악해갈 수 있기 때문이다.

감사라는 중책을 맡았을 때 잘해낼 수 있을지 두려움이 생긴다. 하지만 내가 권하는 3가지 즉, 금품·향응은 철저하게 피하고 최대한 빨리 업무를 익히고 조직 내 주요 간부를 파악하려는 노력을 경주한다면 자연스럽게 감사 직무를 시작하기 위한 든든한 초석이 놓인 것이라고 말할 수 있다.

4

감사는
어떻게 일하나?

일 잘하는
감사의 요건

감사 직무의 확장

어떤 감사가 일 잘하는 감사인가? 이 질문에 대해서는 여러 답변이 나올 수 있다. 우선 조직마다 처한 사항이 다르다. 속한 산업이나 업무 영역이 다르며, 같은 조직이라 할지라도 시기에 따라 처한 환경이 달라질 수 있다. 경영진이나 감사가 주안점을 두는 분야 역시 차이가 난다. 따라서 어떤 감사가 좋은 감사인지, 누가 일 잘하는 감사인지를 두부 자르듯 명쾌하게 제시하기는 힘들다.

그렇지만 감사의 업무 범위가 더 폭넓어지고 고도화되어가는 것은 부인할 수 없는 사실이다. 초기의 감사는 과거에 일어난 사건에 대해 사후에 비위를 적발하고 징계하는 적발 통제에 치중해 왔다. 그러다 현재의 감사는 조직 내에서 비위가 일어나지 않도록

감사 직무의 발전 단계

적발 통제	헌팅 독 (Hunting dog)	비위의 사후적 적발과 처벌
	⇩	
예방 통제	워칭 독 (Watching dog)	준법 감시, 비위 발생 가능성을 통제
	⇩	
컨설팅	가이딩 독 (Guiding dog)	촉진자·협력자로서 정책 대안 제시

경계하는 예방 통제가 중심이 되고 있다. 더 발전적으로는 실행 부서와 협력하여 대안을 제시하는 컨설팅 영역으로 나아가고 있다. 이미 앞에서 미래 지향적인 감사로서 컨설팅 감사에 관해 설명했었다.

현장에서 감사 업무는 큰 틀에서 업무 감사와 회계 감사 2가지 차원에서 이루어진다. 업무 감사는 내부감사인이 수행하는 자체 감사이며, 회계 감사는 조직의 규모가 작다면 내부에서 자체적으로 이루어지기도 하지만, 대개는 회계법인 등 외부감사인에 의해 수행된다. 특히 공기업·공공기관의 회계 감사는 「공공기관의 운영에 관한 법률」에 따라 외부감사에 의해 수행되며, 조직의 재정 상황과 경영 실적을 사실대로 적정하게 표시하였는지를 검토한다.

공기업·공공기관에서의 내부감사는 주로 '업무 감사'를 말한다. 업무 감사는 종합 감사와 특별 감사, 일상 감사 등으로 나눌 수 있다.

감사의 종류

구분		감사 업무 내용
종합 감사		일정한 주기마다 정기적으로 감사 대상을 특정하지 않고, 조직 내 사업장, 부서 등에 대한 기능, 조직, 인사, 예산 등 업무 전반을 총체적으로 점검
특별 감사	특정 감사	진정·정보·언론 보도 등에 의한 인지 사항, 대외 기관의 이첩 사항 및 사장·감사가 지시한 특정 사안에 대해 부정기적으로 실시하는 감사
	재무 감사	예산 및 회계 처리의 적정성 여부에 대한 검토와 확인을 위주로 시행하는 감사
	성과 검사	특정한 정책·사업·조직·기능 등에 대한 경제성과 효과성 등을 분석·평가 점검
	복무 감사	복무상 의무위반, 비위 등 위법·부당한 행위에 대하여 처벌 및 예방을 목적으로 시행하는 감사
일상 감사		주요 사업 계획, 추진 상황 등 주요 업무가 집행되기 전에 미리 그 업무의 적법성, 타당성 등을 검토 평가하는 감사

평가 기준으로 보는 좋은 감사의 조건

현실적 여건과 주관적 판단 기준에 맞추어 좋은 감사, 일 잘하는 감사의 요건은 얼마든지 달라질 수 있다. 그렇다고 해서 감사 직능이 그때그때, 사람에 따라 편의적으로 운용되어야 하는 것은 아니다. 우리는 감사직에 대한 법률적이거나 제도적인 판단 기준을 가지고 있다. 먼저, 「공공감사에 관한 법률」은 '감사 기구의 장'에 대해 "자체 감사 기구의 업무를 총괄하고 감사 담당자를 지휘·감독하는 사람"으로 규정하고 있으며 「상법」은 감사의 직무에 대해 크게 2가지를 규정하고 있다.

첫째, 경영 비판과 경영 지도를 목적으로 엄정한 감사를 통해,

기획재정부 감사 평가 항목

평가 항목	내용
감사의 전문성 확보	■ 감사 업무에 관한 전문성을 확보하기 위한 감사의 노력과 성과는 적절한가? ■ 감사 업무에 관한 전문성을 확보하기 위한 감사실의 노력과 성과는 적절한가?
감사의 윤리성 및 독립성 확보	■ 감사의 윤리 기준 준수 노력은 적절한가? ■ 윤리 경영 지원을 위한 감사의 활동과 노력 및 성과는 적절한가? ■ 감사의 독립성 확보 노력은 적절한가?
내부 통제 기능 강화	■ 감사 계획과 예방적 내부 통제 진단 활동이 적절하게 설정되어 운영되고 있는가? ■ 내부 통제 시스템이 효과적으로 운영되고 있으며, 성과와 개선 노력은 적절한가? ■ 내부감사 결과물에 대한 공유 및 피드백 활동은 적절한가? ■ 방만 경영 예방, 적발을 위한 감사의 노력과 성과는 적절한가?
방만 경영 예방과 적발 및 재발 방지	■ 방만 경영 예방과 적발을 위한 관리 시스템(정부 경영 지침 준수 등을 포함한 목표 및 방법, 성과 지표)을 체계적으로 마련하고, 지속적으로 개선해가고 있는가? ■ 방만 경영 예방 및 적발 감사 활동을 통한 방만 경영 예방과 적발 성과는 어떠한가? ■ 방만 경영 근절과 재발 방지를 위한 노력과 성과는 어떠한가?

출처: 기획재정부, 공기업·준정부기관 상임감사·감사위원 직무 수행 실적 평가 편람

주주와 채권자가 예상하지 못한 손해를 모면하도록 조직의 재정 상태와 경영 실적을 파악하는 일이다. 둘째, 독단적인 경영 등으로 수수의 이익이 훼손되지 않도록 주주를 대신하여 경영진을 견제하는 일이다. 이것을 공기업·공공기관에 적용하자면 실제 주인인 국민을 대표하여 해당 조직과 경영진을 파악하고 견제하며 관리·감독하는 일을 해야 한다.

또한, 감사를 평가하는 공적 기준은 역으로 보면 일 잘하는 감사의 요건을 설명해준다고 할 수 있다. 특히, 감사를 추천하는 정부 부처인 기획재정부의 감사 평가 기준은 감사의 직무 수행 기준을 체계적으로 제시하고 있다. 여기서 중점적으로 파악하는 항목은 첫째, 감사의 전문성 확보, 둘째, 감사의 윤리성 및 독립성 확

감사원 자체 감사 활동 심사 지표

분야	평가 비중	심사 지표
감사 조직인력 운영	16%	■ 감사인의 경력, 감사 기구 장의 독립성 확보 노력 ■ 감사 부서 및 담당자의 전문성 확보 노력
감사 활동	49%	■ 일상 감사 이행 노력, 절차 준수 등 적정성 ■ 감사 결과 처리의 적정성
감사 성과	22%	■ 재무 조치 실적, 신분상 조치 실적 ■ 개선 요구 사항 및 모범 사례 발굴 실적
사후 관리	13%	■ 내·외부 감사 지적 사항 집행 ■ 유사·반복 지적 사항 발생 여부

출처: 감사원, 자체 감사 활동 실사 편람

보, 셋째, 내부 통제 기능 강화, 넷째, 방만 경영 예방과 적발 및 재발 방지이다.

기획재정부는 이러한 중점 평가 항목에 100점 만점에 70점을 배점하고 외부 평가에 30점을 배점하여 감사를 평가한다. 외부 평가는 감사원 자체 감사 활동 심사 결과를 반영한 내부감사 운영성과 및 사후 관리의 적절성(25점)과 함께 국민권익위원회의 청렴도 측정 결과를 반영한 기관의 청렴도(5점)를 측정한다. 감사원의 자체 감사 활동 심사는 감사 인프라, 감사 활동, 감사 성과, 사후 관리에 각각 16%, 49%, 22%, 13% 비중을 두어 평가한다.

국제 감사 기준

전 세계 감사인들의 조직으로 세계내부감사인협회(IIA, The Institute of Internal Auditors)가 있다. 이 기관은 세계 유일의 국제공인 내부감사 전문자격증인 공인내부감사사(CIA, Certified Internal Auditor) 자격시험을 주관하는데, 내부감사 직능의 업무 기준을 체계적으로 제시하고 있다.

국제 내부감사 기준

항목	내용
일반 기준	
독립성과 객관성	내부감사 부서는 독립적이어야 하며, 내부감사인은 업무 수행에 있어서 객관적이어야 한다.
숙달과 전문가로서의 정당한 주의	감사 업무는 숙달과 전문가로서의 정당한 주의를 가지고 수행해야 한다.
품질 보증 및 개선 프로그램	최고 감사 책임자는 감사 부서의 업무 능력을 평가하기 위해 내부감사 부서의 모든 면을 다루는 품질 보증 및 개선 프로그램을 설정·유지해야 한다.
실행 기준	
내부감사 부서의 관리	최고 감사 책임자는 조직의 가치를 증가시킬 수 있도록 효과적으로 내부감사 부서를 관리해야 한다.
감사 업무의 성격	내부감사 부서는 조직적이고 훈련된 그리고 리스크 기반 접근 방법을 통하여 조직의 지배 구조(거버넌스), 리스크 관리 및 통제 프로세스를 평가하고 개선하는데 기여해야 한다. 내부감사의 신뢰성 및 가치는 감사인이 선제적으로 대처할 때 그리고 그들의 평가가 새로운 통찰을 제공하고 미래에 미칠 영향을 고려할 때 향상된다.
감사 업무 계획	내부감사인은 감사 목표, 감사 범위, 감사 시점(타이밍) 그리고 자원 배분을 포함하여 업무별로 감사 계획을 수립하고 문서화해야 한다. 계획은 감사 업무와 관련된 조직의 전략, 목표 그리고 리스크를 고려해야 한다.
감사 업무의 수행	내부감사인은 감사 목표를 완수하기 위해서 충분한 정보를 식별·분석·평가하고 문서화해야 한다.
감사의 결과 보고	내부감사인은 감사 수행 결과를 보고해야 한다.
사후 관리	최고 감사 책임자는 경영진에 전달된 감사 결과가 어떻게 다루어지는지 점검할 수 있는 사후 관리 시스템을 설정하고 유지해야 한다.
리스크 수용에 대한 통보	최고 감사 책임자는 경영진이 조직이 감당하지 못할 수도 있는 리스크를 수용하는 결정을 한 경우 이 문제를 최고 경영진과 상의해야 한다. 만약 최고 감사 책임자가 그 문제가 해결되지 않았다고 판단하면, 최고 감사 책임자는 이사회에 그 사안을 보고해야 한다.

출처: 세계내부감사인협회, 국제 내부감사 기준

감사의
전문성

감사 전문성에 대한 사회적 요구

조직의 감사 책임자와 감사 부서 구성원들은 감사 업무를 능숙하게 수행할 수 있어야 한다. 감사직 수행을 위한 역량과 지식, 경험을 갖추고 있어야 한다. 즉, 감사 업무에서는 최고의 전문가가 되어야 한다. 물론 조직이 속한 산업이나 분야에서의 업무 지식 역시 그 바탕을 이루어야 한다.

감사의 업무는 점점 더 확장되고 있으며 고도화해야 할 필요성에 노출되어 있다. 각종 비위는 점점 더 정교한 방법으로 은폐된다. 그것을 적발하기 위해서는 사실관계와 문서의 행간에 숨어 있는 총체적 진실에 접근하는 안목이 바탕을 이루어야 한다. 그리고 조직 내에서 수행되는 각종 업무는 과거와 달리 다양한 영역과 연결되며 복잡한 양상을 보인다. 이에 대한 이해가 없다면 중요한 지점을 놓칠 개연성이 크다.

특히 감사의 미래는 실행 부서가 업무를 더 원활하고 효율적으로 수행하는 데 필요한 조언과 권고 등 컨설팅을 요구하고 있다. 감사 부서가 컨설팅 기능을 발휘하기 위해서는 전문성이 기본이 되어야 가능하다.

감사는 감사 직무를 수행하는 데 필요한 지식, 기술, 역량 등을 보유해야 하며 그것을 지속적으로 쌓아가야 한다. 감사와 감사 부서 구성원들은 인간적 덕성을 쌓고 통찰력을 연마하고 지적 능력을 기르기 위해 부단히 공부하고 자신을 계발해야 한다. 앞에서도 잠시 이야기했지만, 감사 부서는 학습조직으로 변모하는 게 바람직하다.

감사 업무를 수행하면서 새로운 과제에 부닥치며 그에 대해 열정적으로 공부하고 또한 경험을 거치면서 지식을 쌓아가야 한다. 그리고 그것을 조직 내에서 공유함으로써 지식 체계를 축적한다. 때로는 실패와 시행착오를 통해서도 배우고 개선할 수 있다. 이렇듯 부단한 조직 학습을 통해 조직의 역량을 성장시키고 이를 기반으로 더 어려운 과제에 도전하면서 새로운 학습 사이클에 들어가는 선순환 구조를 이루어야 한다.

나는 상임감사로서 나 자신뿐만 아니라, 우리 감사실 직원들이 전문성을 쌓도록 지원하는 데 주력하고 있다. 최소한 조직 내에서 어떻게 비위가 일어나는지, 위험이 커지는 영역이 어디인지를 감지하고 평가하며, 그것을 관리하는 데 필요한 지식을 갖추도록 요구한다. 더 나아가 기술 인프라를 이용하여 감사 기능의 질적 수준을 높이는 단계까지 나아가도록 애쓰고 있다. '랜선 감사'라는 형태로 비대면 감사를 도입한 것이나, AI감사 시스템 도입을 연구하고 추진하는 것은 감사실 조직 전체의 전문성을 강화하는 맥락에서 나왔다.

최근 감사 업무에는 정보 기술과 데이터 등의 중요성이 더욱 커지고 있다. 기술 기반 감사와 각종 데이터 분석 기법이 필요한 경우가 많다. IT 사업 기반이 없는 우리 회사 감사실은 여기에 대해 더 큰 주의를 기울이고 있으며 관련 학습에 힘을 쏟고 있다.

자체적 감사 역량이 미치는 못하는 분야에서는 다른 곳에서 감사 자원을 빌려 써야 하는데 이때 손을 놓고 있을 수는 없다. 우리에게 요구되는 전문 역량이 어디에 있는지 찾아내고 감사가 진행될 때 효율적인 통제와 협력이 이루어지도록 관리하는 수준의 전문성을 갖추어야 한다.

감사 직무 전문화 필요성

상임감사로서 직무를 수행하면서 감사 직능이 전문화될 필요성을 절감했다. 감사 부서 구성원들의 수급과 육성 과정이 실행 부서와 분리되어 이들이 감사 전문가로서 직무를 수행하면서 지속적으로 성장하게끔 조직이 운영되는 것이 바람직하다고 판단한다. 더 나아가 IT, 회계, 법률, 윤리 등 세부 분야에 특화되어 전문성을 기를 수 있으면 더욱 효과적일 것이다.

물론 한국전력과 같이 매우 규모가 큰 조직에서는 이것이 가능할 것이다. 한국전력은 감사 인력이 100명을 훌쩍 넘는다. 감사 부서 안에서 10~20년 업무를 수행하고 보직을 맡으며 일할 여건이 된다. 굳이 실행 부서로 이동하지 않아도 감사실 안에서 승진과 승격을 할 수 있다. 이런 여건에서 전문성이 커지고 독립성도 보장된다.

그런데 이런 감사 부서 전문화가 가능해지려면 전체 조직 구성원이 어림잡아 수만 명은 되어야 할 것이다. 우리 회사처럼 감사실 구성원이 30~40명 수준이라면 자체 내 승격과 보직 인사가 가능한 진문 독립 조직으로 운영하기가 현실적으로 불가능하다.

따라서 여기에 맞는 전문성 강화 방안이 나와야 할 것이다. 현재는 교차 감사, 파견 등의 형태로 부족한 전문성을 보완하고 있다. 예를 들어 우리 회사는 IT 업체가 아니어서 정보 기술 관련 전문 인력이 부족하다. 감사실도 마찬가지다. 그런데 컴퓨터 하드웨어나 소프트웨어는 광범위하게 사용하기에 이에 대한 감사가 꼭 필요한 실정이다. 이런 경우 회사 외부에서 인력을 끌어와 보완할 수밖에 없다. 상임감사가 IT 측면에서 감사가 필요하다고 판단했을 때 IT에 지식과 소양을 갖추었으며 IT 감사 스킬과 경험을 축적한 사람을 차출하게 될 것이다. 그런데 내부에 그런 인물이 없다면 외부에서 빌려와야 한다. 지금은 전략적 제휴(MOU)를 맺고 있는 IT 관련 공기업에 요청해서 교차 감사 형식으로 일시적으로 인력을 지원받는다.

현재 존재하는 일시적 형태의 전문성 보완 방안을 제도화된 틀로 만들어서 운영하면 괜찮겠다는 아이디어를 가지고 있다. '공기업·공공기관 감사 네트워크(감사인 클라우드)' 같은 구상이다. 예를 들어 한국전력과 전력 계열사들은 공기업이지만 그룹사 형태를 띠고 있다. 한국전력의 최대 주주는 정부이지만, 그 휘하에 한전이 최소 과반 지분을 보유한 10개 계열사가 있고 그 외 자회사 등 기타 계열사가 21개나 있다. 일반적으로 각 계열사는 20∼40명 인력의 감사실 조직을 갖추고 있는데, 계열사끼리 감사실 네트워크를 구축해서 인력을 순환시키는 방안이 어떨까 생각해봄 직하다. 그러면 각 계열사 감사실 직원들은 나중에 사내의 다른 부서로 배치되지 않고 감사 업무를 계속 수행하면서 전문성을 쌓아갈 수 있으리라 본다.

금융 회사들에는 이런 형태가 있다고 한다. 대형 금융기관들은 은행, 증권사, 투자 자문사, 보험 회사 등의 자회사로 구성된 경우가 많은데, 감사와 관련된 자회사를 별도로 설립하여 운영한다. 직원들은 감사 전문가로 조직하고 사장도 따로 임명한다고 한다. 공기업·공공기관들도 이런 형태를 벤치마킹할 수 있으리라 생각해본다.

그룹사가 있는 공기업·공공기관은 그룹사 내부에서, 그룹사가 없는 곳들은 유사한 분야의 업무를 하는 조직끼리 묶어서 감사 네트워크를 만들어 인적 교류를 확장시키는 것이다. 그러면 감사 부서 직원들은 나중에 실행 부서에 배치될 경우에 대한 고민 없이, 독립성을 유지하면서 전문성을 더 강화할 수 있을 것이다. 즉, 감사직에 소명을 느끼고 더 잘할 수 있다는 자신감을 갖춘 감사 부서 구성원들이, 이후 유관 공기업이나 공공기관으로 자리를 옮기거나 승격되어서 감사 업무를 계속할 수 있다.

물론 이 방안을 당장 추진하기는 어려울 것이다. 계열사마다 사정이 있을 터이고 고려해야 할 점이 상당히 많으리라 본다. 그래서 '감사인지원단' 같은 인력 풀을 만들어 운영하는 것을 우선해서 고려하면 좋으리라 본다. IT, 법률, 윤리 등 감사의 여러 세부 직능 전문가 풀을 구성한 후 각 계열사의 수요에 따라 그 기간에 파견 근무하도록 하는 것이다.

정부에서도 공공기관의 인사혁신 방안으로 인사 교류와 특별 승진 및 개방형 계약직제를 시범 시행하고 2021년부터는 본격 시행을 추진 중이다. 감사 분야에 있어서도 제한적인 초기 형태로라도 공공기관 감사인 네트워크 제도를 설계하여 감사 인력의 전문성을 높이는 방안을 심도 있게 연구하고 논의할 단계가 되었다고 생각한다.

감사 교육연수원 설립 계획

나는 한국감사협회 차원에서 감사 직능 종사자의 전문성을 강화하는 노력이 반드시 전개되어야 한다고 생각해왔다. 그리고 협회장을 맡으면서 이를 위한 교육연수원 설립을 약속했다. 부지를 마련하여 건물을 세우는 하드웨어 차원의 문제가 아니라 전략적인 교육 프로그램, 즉 소프트웨어 중심으로 접근하고 있다. 감사 전문가 양성과 관련된 전략 계획을 수립하고 여기에 맞는 추진 계획을 마련하고자 한다.

감사의 사회적 전문성을 강화하고 그 전문성에 바탕을 두고 감사인들의 조직 운영과 역할을 독립화시키려는 의도이다. 감사가 전문가로서 독립성을 가지고 존재하려면 그에 걸맞은 육성과 검증 과정이 있어야 한다. 단순히 감사직에 어울리고 그 일을 잘할 것 같은 모호한 판단으로 감사 책임자나 직원을 발령하는 일을 줄이고 훈련된 전문가를 임명할 수 있도록 그 공급을 책임지는 기관을 설립하고자 한다.

물론 감사원에서 감사교육원을 운영하고 있지만, 교육 대상이 감사원 소속 직원들과 감사원법에 따른 기관의 감사 또는 회계 업무 종사자로 한정된다. 한국감사협회 회원사는 공기업뿐만 아니라 민간기업도 망라한다. 범위가 훨씬 더 넓다. 그리고 협회의 사회적 가치 실현 계획에 따라 공익적 사회단체의 투명성 강화를 위한 지원이 진행될 것이다. 이를 위한 교육도 필요하다.

감사 인력이 독립된 전문가로서 인정받으며 성장하고 소신껏 일하도록 교육하고 지원하는 과정은 우리 사회를 더욱 투명하게 만들어 경쟁력을 높이고 구성원의 행복을 달성하는 데 크게 이바지할 것이라 확신한다.

감사의
독립성

감사 기능의 존재 기반

감사와 감사 부서는 조직 내부에 존재하지만, 그 조직의 경영진이나 다른 부서의 영향을 받지 않고 독립적으로 기능해야 한다. 내부자이지만 외부자의 성격도 일부 갖출 필요가 있다는 뜻이다. 감사와 감사 인력들은 감사 범위의 결정, 감사 업무의 수행, 감사 결과 보고 등 감사 직무를 수행할 때 조직 내·외부로부터 어떤 간섭도 받지 않아야 한다. 감사의 독립성을 바탕으로 공정하고 편향되지 않는 태도를 견지해야 감사 직무를 수행할 수 있으며 이해관계 충돌에서 벗어날 수 있다.

감사 책임자는 이러한 간섭으로부터 감사 조직을 보호할 막중한 책임이 있다. 감사나 감사 부서의 독립성과 공정성이 손상된다면 감사 기능은 정상적으로 작동하지 않을 것이며 존립 근거가 무너질 것이다.

감사의 독립성을 헤치려는 시도와 간섭은 여러 곳에서 나타난다. 경영진이나 실행 부서 구성원들, 노동조합이 감사의 기능 수행을 막는 일도 일어난다. 이를 극복하고 독립성을 견지해야 한다.

상임감사 임명에서의 독립성

공기업·공공기관의 상임감사 임명 과정은 독립성을 강화한다는 목적에 충실하다. 2007년 제정된 '공공기관의 운영에 관한 법률'에 의거, 주요 공기업의 CEO는 소속 정부 부처 장관의 제청으로 대통령이 임명하고, 상임감사는 기획재정부 장관이 제청하고 대통령이 임명하는 방식이다.

내가 근무하는 한전KPS의 경우 산업통상자원부가 소속 정부 부처다. 우리 회사 CEO는 산업통상자원부 장관이 제청하여 대통령으로부터 임명장을 받았다. 그리고 산업통상자원부로부터 통제와 감독을 받는다. 하지만 상임감사인 나는 기획재정부 장관 제청으로 대통령의 임명을 받았다. 이는 산업통상자원부가 나에 대해서 직접적 임면 결정권이 없음을 공식적으로 인정하는 구조다. 상임감사가 그 기업 소속 부처나 경영진으로부터 독립성을 유지하며 소신껏 일하도록 유도하기 위해 만든 프로세스로 보인다.

실제 직무를 수행해보니 이런 구조가 매우 중요했다. CEO와 상임감사의 임명 과정을 다르게 함으로써 각기 독립적으로 기능하며 상호 견제하는 속에서 협력적 업무를 수행하도록 장치가 마련된 셈이다.

현재 기획재정부에서 1년에 한 번 4월경에 감사 직무 수행 평가를 한다. 보고서도 제출하고 직접 인터뷰도 한다. 이런 과정을 거쳐 상임감사가 1년간 어떤 일을 했는지, 성과는 무엇인지, 보완해야 할 점은 무엇인지를 평가한다. 그 결과를 등급으로 매기고 이에 따라 성과급이 차등 지급된다. 감사실도 감사원의 지도 감독을 받으며 감사 직무 수행 평가에 앞서서 평가를 받고 이를 감사 직무 평가에 반영(평가 반영 비율 25%)한다.

감사의 독립성은 기획재정부나 감사원이 상임감사와 감사실을 평가할 때 중요한 기준이 된다. 주로 감사 인력을 제대로 확충하였는가? 감사실 구성원에 대한 우대 정책이 있는가? 이러한 정책을 사규 등에 반영하여 제도화시켰는가? 등을 점검한다.

경영 견제 관리 시스템

한전KPS는 2020년 10월부터 감사의 독립성에 기반을 둔 '경영 견제 관리 시스템'을 구축하여 운용하고 있다. 이 시스템은 '과제 설정', '계획 수립', '견제 및 지원 활동', '제언 이행 관리'의 네 단계로 진행된다. 이를 더 자세히 보자.

첫째, 감사 현안 과제 설정이다. 예를 들어 코로나19 대응, 작업장 안전 등 장단기 리스크를 식별하고 그해의 현안 과제를 선정하는 단계이다.

둘째, 경영 제언 계획 수립이다. 감사가 관련 지식을 사전에 학습하여 감사 역량 개발 계획과 경영 제언 계획을 수립한다.

셋째, 경영 견제 및 지원 활동이다. 경영 제언이 발생하면 관리 번호를 부여하여 실행 부서에 통보한다. 한전KPS에서는 이를 체계적으로 관리하기 위한 전산 시스템을 구축 중이다.

넷째, 경영 제언 이행 관리이다. 경영 제언을 수신한 부서는 조치 결과와 향후 계획을 제출하고 감사실에서는 이행 현황을 관리한다.

감사 조직의 독립성

공기업·공공기관 감사실 직원들도 외부 입김에 휘둘리지 않고 독립성을 유지하며 소신껏 일할 수 있도록 여러 장치가 마련되어 있다. 그중 대표적인 것이 인사 제도이다.

앞서 말한 것처럼 직원 수가 수만 명 이상인 대규모 조직에서는 감사실 직원들이 전문직 제도의 적용을 받아 장기간 감사 부서에 계속 근무하며 성장할 수 있는 구조가 된다. 자체 인력 수급 계획에 따라 보직 발령 및 승격이 이루어진다. 그러나 그 정도 규모의 공기업·공공기관은 매우 드물다. 대부분의 조직에서 감사실에 근무하는 직원들은 언제든지 다른 실행 부서로 배치될 수 있다. 감사실에 오래 머무르는 이들도 있지만, 대체로는 감사실과 실행 부서를 순환한다. 이때 인사상 불이익을 염려하기도 한다. 인사권을 가진 경영진이 승진·승격이나 보직 배치에서 불리한 기준을 적용할 수 있기 때문이다. 감사 업무의 특성상 다른 사람의 비위를 조사하고 적발하는 일을 하기에 부정적 이미지가 강하게 인식될 수도 있다.

　또한, 조직 내 감사 기능이 독립성을 유지하며 효과적으로 작동하기 위해서는 감사 활동의 보안이 잘 지켜져야 한다. 만약 감사 대상자에게 감사의 의도나 내용이 사전에 노출된다면 그 효과가 떨어질 수 있다. 하지만 감사실의 보안이 잘 지켜지지 않는 경우가 현실에서는 자주 벌어진다. 견제를 받는 경영진은 상임감사나 감사실의 동향과 주요 감사 내용이 궁금할 수밖에 없다. 상세한 정보를 원하기도 한다. 그러나 상임감사가 이에 대해 필요 이상으로 자세히 알려주지는 않는다. 그래서 감사실 직원 중 몇몇을 자기 사람으로 만들려고 포섭하는 경우도 종종 있다고 한다. 인사권을 바탕으로 사후 보상을 약속하고 그것을 지렛대 삼아 정보를 제공받는 것이다. 심지어는 실행 부서 직원들이나 노동조합 단위에서도 비슷한 방식의 시도를 한다고 한다. 이런 경우 감사실 독립성이 현저히 떨어질 수 있기에 매우 조심하고 주의를 기울여야 한다.

이러한 부작용을 막고 독립성을 기반으로 한 소신 감사를 촉진하기 위해 공기업·공공기관은 감사실 직원들에게 인사상 혜택을 주도록 명문화된 규정을 갖추고 있다. 승격 시 가산점을 주거나, 보직 변경 시 우선권을 인사 규정에 명기하는 등으로 배려하는 식이다. 이런 우대 방안을 통해 감사실 직원이 눈치 보지 않고 일할 수 있게 하는 장치를 마련한다.

　상임감사에게 감사실 인사에 대한 권한을 보장하는 것도 독립성을 강화하는 방법 중 하나이다. 예를 들어 현재 실행 부서에 근무하는 사람 중 감사실에 꼭 필요한 인력이 있다면 우선적으로 선발하여 배치할 수 있다. 그리고 감사실에 근무하였던 직원을 다른 곳으로 배치할 때도 상임감사가 의견을 개진할 수 있다. 이때 CEO는 상임감사의 의견을 수용하도록 규정되어 있다. 만약 거절할 때는 문서를 통해 합당한 이유를 제시해야 한다. 공식적인 인사권은 CEO에 속하지만, 감사실 인사에 있어서는 CEO가 상임감사의 의견을 최대한 수용하도록 함으로써 감사 직무의 독립성을 높인다는 취지이다.

　그러나 CEO에게 공식적 인사권이 부여되어 있기에, 높은 수준의 독립성 실현에는 한계가 따르기도 한다. 강력한 조사, 견제, 징계 등에 현실적인 제한이 있고 어려움을 느낄 수 있다. 매우 드물게는 CEO와 상임감사가 심하게 대립하며 갈등을 일으킬 경우도 있는데, CEO가 상임감사의 의견을 무시하고 인사를 할 때도 있다. 이때는 상임감사와 감사실의 독립성이 심각하게 훼손되는 상황이 빚어진다.

제척 회피 시스템(CES)

한전KPS는 감사실 구성원의 독립성·공정성을 높이기 위해 2020년 6월부터 제척 회피 시스템(CES, Computer-Based Exclusion System)을 구축하여 운용하고 있다. 이를 통해서 감사 인력 운용의 계획 및 관리를 체계화하고 공정성을 담보하여 감사 수용도를 높이고 있다. 이것은 감사인과 피감사인의 친밀도, 이해관계 등을 사전에 점검하여 독립적인 감사가 이루어지도록 하는 장치이다.

예를 들어 감사인과 피감사인이 최근 3~10년 사이에 같은 부서에 근무한 적이 있는지, 고등학교나 대학의 동기나 가까운 선후배 사이가 아닌지, 가족이나 인척 관계로 연결되지 않았는지 등을 철저히 살펴서 연결 관계가 발견되면 그 감사인을 감사에서 배제한다. 이런 시스템은 감사 독립성과 공정성을 크게 향상시켰다. 설문 조사를 바탕으로 한 자체 조사 결과 감사 독립성 항목의 만족도가 2019년 81.6점에서 2020년 84.8점으로 상승하였다.

감사의 독립성 강화를 위해

현재 우리나라의 공기업·공공기관 상임감사와 감사실은 민간 기업에 비해 상대적으로 강한 독립성을 갖고 소신껏 일할 수 있는 장치가 마련되어 있다고 평가할 수 있다. 공기업·공공기관 감사 제도는 우리 사회의 민주화 수준과 어깨를 나란히 하며 발전을 거듭해왔다. 감사의 독립성을 보장하는 여러 가지 제도적 장치가 과거보다 많이 도입되었고 이에 따라 독립성이 더욱 강화되는 추세이다. 이러한 공기업·공공기관 감사의 독립성이 민간기업과 조직 등으로 확산하기를 기대한다.

공기업·공공기관 감사 독립성이 예전보다 강화된 것은 분명한 사실이지만, 몇 가지 발전 과제가 존재한다. 먼저 감사실 인력 수급 문제를 들 수 있다. 현재 감사원에서는 조직 총정원의 0.8% 이상을 감사 인력으로 구성하도록 하는 기준을 제시했다. 그런데 실제로 이 기준을 충족시키는 조직은 그리 많지 않다. 기업 규모가 작으면 작은 대로 감사실 인력 기준을 만족시키기 어렵고, 규모가 크면 큰 대로 대규모 감사 인력을 확충하기가 쉽지 않다. 감사실 인력 확충에 지속적인 노력이 투입되고 공적인 기준과 관련한 이행 방안도 새롭게 연구되어야 한다. 특히 기관의 특성에 따라 일괄적 적용 기준 외에 다양한 적용 기준을 만들었으면 좋겠다.

감사실 직원에 대한 인센티브에 대해서도 고민이 더 필요할 것으로 보인다. 현재 인사상의 보상책이 마련되어 시행되고 있지만, 금전적 인센티브 같은 직접적 보상은 현실적으로 시행하기 어렵다. 기획재정부가 정해놓은 임금 체계 가이드를 크게 벗어날 수 없기 때문이다. 반면에 민간기업에서는 금전적 직접 보상 방안을 쉽게 도입할 수 있다. 오너 혹은 최고 경영진이 의지만 가지면 큰 제약 없이 제도를 운용할 수 있기 때문이다. 예를 들어, 감사 부서가 체계적인 감사 활동을 통해 회사의 중대한 손실을 끼칠 가능성이 큰 사업 계획의 허점을 찾아내었다거나, 비위를 적발했다면 이에 대해 거액의 성과급을 지급하거나 다음 해 급여를 인상하는 방법으로 보상할 수 있다. 하지만 공기업·공공기관은 이런 활동에 한계가 있거나 소극적이다. 높은 성과를 가져오는 혁신적 감사 활동에 대해 직접적 인센티브를 제공하는 방안에 대해 유연성을 가지고 접근할 수 있는 연구가 진행되었으면 한다.

앞에서 말했듯, 감사 직능의 역할을 인정하고 보장하며 전문성을 강화하는 것은 독립성 강화에 긍정적으로 기여할 것이다. 전문성과 독립성은 강력한 시너지를 일으킨다. 전문가로서 인정받으며 역량을 성장시키는 감사인이 독립성 또한 강력하게 실현할 수 있다. 교육훈련, 인정, 체계적 인사 제도 등의 정비를 통해 감사 직능 종사자의 전문성과 독립성을 함께 높여나가야 할 것이다.

내부
통제

내부 통제는 조직 전체의 기능

'내부 통제'는 조직 구성원들 사이에서 큰 오해의 대상이 되는 용어 중 하나이다. 이것은 위험을 줄이면서 조직의 목표를 달성하기 위해 구성원 모두가 수행하는 업무 절차를 말하는데, 감사 부서만의 업무로 한정해서 생각하는 사람이 많다.

구체적으로 말하자면, 세계내부감사인협회(IIA)는 효과적인 내부 통제 시스템으로 '3중 방어선 모델(the three lines of defense model)을 제시한다. 여러 기능이 얽혀 있는 복잡·다양한 직무를 수행하는 현대의 조직 특성상 비위와 위험 발생을 줄이는 통제 기능이 3가지 차원에서 이루어져야 한다는 것이다. 첫 번째 방어선은 실무자와 실행 부서의 점검과 관리로 구축된다. 두 번째 방어선은 품질·리스크 관리·재무 등의 모니터링 부서와 고위경영진이 지휘·감독함으로써 만든다. 마지막 세 번째 방어선을 지키는 것은 감사 부서의 역할이다. 3중 방어선이라는 내부 통제 절차 전체가 효과적으로 작동하도록 촉진한다. 3중 방어선 모델로 내부 통제의 개념을 살펴보면, 조직의 목표를 달성하기 위해 조직 전체에 걸쳐 수행되는 수단이자 프로세스라 할 수 있다. 이러한 내부 통제의 핵심에 감사 부서가 위치하고 있다.

감사 업무의 고난도 영역

내부 통제는 감사와 감사 부서 업무 중 가장 광범위하고 난이도가 큰 분야이다. 임직원의 비위나 불법, 기강 해이 등을 발견하여 당사자를 징계하고 문제점을 교정하는 적발 통제와 함께 바람직하지 않은 사건의 발생을 사전에 차단하며, 이를 위한 제도와 시스템을 갖추는 예방 통제에 이르기까지 넓고 복잡다단한 차원에서 수행되어야 하기 때문이다.

한국석유공사 상임감사위원을 역임한 변윤성 박사는 그의 저술『공기업 감사 이야기』에서 내부 통제에 대해 다음과 같이 이야기한다.

"내부 통제란 기업이 목표를 달성하기 위해 이사회나 경영진, 직원 등이 전사적으로 함께 공유하고 관리하며 지속적으로 실행하고 준수하는 통제 시스템을 뜻하며, 해당 통제 시스템의 틀 내에는 기업의 효율적인 업무 운영과 정보 공유 체계의 신뢰성 유지, 법규나 규정 등을 준수하는 내용 등이 모두 포함된다. 구체적으로는, 기관의 내부 통제 시스템이라고 할 수 있는 이사회 등의 의사결정 구조가 합리적인지를 점검하고, 전사적 리스크 관리 체계를 점검해 신용 위험이나 유동성 위험을 막는 일, 또 시장 위험과 CEO 리스크 등에 대비하고 재무 파트는 언제나 투명하고 적절하게 운용되고 있는지를 모니터링하는 일, 그리고 기업 내 존재하는 각종 위원회가 자신의 기능에 맞는 임무를 수행하고 있는지를 점검하는 일 등이 내부 통제를 위한 일련의 활동에 해당한다.

따라서 내부 통제를 강화하기 위해서는 전사적 차원의 통제 시스템 전반을 점검하고 보다 합리적으로 내부 통제의 범위와 내용을 포괄해 다루어야 한다. 이에 관련된 하나하나의 내용이 모두 대단히 높은 중요성을 가지기 때문에 감사가 일을 열심히 하게 되면 쉴 시간조차 없도록 만드는 매우 포괄적인 영역이 된다고 할 수 있다."

요컨대 감사에 의한 내부 통제는 회사 통제이다. 내부 통제의 범위는 한 기관의 조직 체계, 업무 수행 절차, 관리 시스템 전반에 걸쳐 있으며 모든 업무의 적정성을 포괄한다. 이러한 내부 통제가 제대로 기능하지 않으면 조직이 목표와 방향성을 잃고 표류하게 되며, 심각한 리스크에 직면할 수 있다. 이것을 방지하고 조직을 목표를 향해 이끄는 내부 통제의 핵심 업무를 감사가 담당한다고 보면 된다.

감사에 의한 내부 통제는 소송이나 재판과 같은 법률적 절차가 아니다. 중대한 불법 행위는 조사 후 이관한다. 그렇지만 통상의 모든 감사 업무에는 엄정함과 강력한 통제가 요구된다. 내부 통제의 강화를 위해서는 조직 전체를 관통해야 하며, 이를 위해서 윤리성, 독립성, 전문성 등이 든든하게 바탕을 이루어야 한다. 그래야만 감사 부서가 내부 통제의 정점에 선 기구로서, 기강을 세우며 조직이 흐트러짐 없이 견고하게 자기 역할을 다할 수 있게 할 수 있다.

방만 경영 예방과
효율성 강화

공기업·공공기관 특유의 문제

공기업·공공기관이 비판의 도마 위에 오를 때 유독 자주 등장하는 단어가 있다. '방만 경영'이다. 효과가 불확실한 사업에 엄청난 재원을 투입했다가 천문학적인 손실을 보았다거나, 엄청난 적자를 기록하고 부채가 증가했는데도 임직원 복지 혜택을 늘린다거나 성과급 잔치를 벌였다고 비난받는 경우를 종종 보게 된다.

그런데 민간기업에서는 방만 경영이 거의 문제가 되지 않는다. 최소의 투입으로 최대의 산출을 끌어내는 효율성을 추구하며 이윤 극대화를 목적으로 삼는 민간기업에는 방만 경영이 존재하기 어렵다.

물론 기업 소유주와 경영진이 분리된 상태라면, 민간기업에서도 경영진이나 직원이 자기 편익을 중심으로 비효율적으로 업무를 추진하는 경향이 발생할 수 있지만, 오너 경영이 일반적인 우리나라 민간기업 현실에서 이런 일은 좀처럼 생기지 않는다. 그보다는 지나친 효율성 추구로 부작용이 빚어지는 게 일반적이다. 효율만을 좇기에 안전, 보건, 공공성, 기업의 사회적 책임을 외면하는 것이다.

예를 들어 안전을 위해 2인 1조로 근무해야 하는데, 한 사람이 단독으로 위험하게 일하다가 목숨을 잃는 일이 생기기도 했다. 이는 단기적 효율성과 무리한 이윤 추구로 인해 발생한 참담한 일이다. 장기적으로 생각해볼 때 작은 이익을 위해 사회적 가치를 외면하는 것은 큰 위험을 감수하는 어리석은 행태이다. 이것은 결국 더 큰 손실을 불러온다. 처벌과 보상 등의 법적 책임, 자격과 면허 상실, 기업 이미지 하락 등 치명적인 결과를 불러올 수 있기 때문이다.

공기업의 근본적인 목적은 이윤 추구가 아니다. 공공적 성격의 재화나 서비스를 국민에게 전달하면서 그 대가를 받기에 기업적 성격을 지니지만, 공공성의 실현을 이익보다 더 중요하게 여긴다. 예를 들어 한국전력은 "두부값이 콩값보다 싸다"는 비판에도 불구하고 전기요금을 낮게 유지하기도 하며, 코레일은 서민과 교통소외 지역의 편익을 위해 적자 노선을 계속 운영한다. 그래서 어떤 공기업을 적자만을 이유로 방만 경영이라고 비난을 가하는 것은 억울한 측면이 있다고 할 수 있다.

그렇다고 해서 우리나라 공기업·공공기관의 방만 경영이 문제가 없다고 할 수는 없는 실정이다. 철저하게 효율을 추구하지 않기에 언제 어디서든 방만 경영과 도덕적 해이가 불거질 수 있는 환경이다.

공익 실현을 위한 비효율성과 적자 뒤에 방만 경영을 숨기기도 한다. 공기업이 무분별하게 단기 이익을 좇는 경향, 장부상의 흑자와 경영 수지 상승을 지상 목표로 내세우는 태도는 지양해야 옳지만 그렇다고 비효율을 방치해서는 안 된다.

피치 못할 비효율과 적자가 존재할 수밖에 없다면 그 외의 영역에서는 더 효율적으로 움직여야 한다. 나는 존재 목적상의 필수적 비효율 부분을 따로 떼어 공공성 중심으로 운영하되, 그 이외는 민간기업처럼 철저하게 효율을 추구해야 한다고 생각한다. 물론 이 2가지가 두부 자르듯 명쾌하게 구분되지는 않겠지만, 의식적으로 노력한다면 아예 불가능하지는 않다고 본다.

공기업이 공익 실현의 사회적 책무를 중요시하며 이를 위해 적극적으로 활동하는 것은 매우 바람직하지만, 다른 한편 경영 효율과 기업 이익을 외면하고 사적 편익만을 추구한다면 방만 경영과 도덕적 해이의 덫에 걸린 것이다. 사회로 되돌려야 할 자원을 정당하지 않은 방식으로 내부 구성원들만의 공유 자원으로 여기지는 않는지 경계할 일이다.

숨은 비효율의 개선

공기업·공공기관은 운영 예산, 인력 정원, 급여 등에 대해 소속 정부 부처나 기획재정부의 엄격한 통제를 받는다. 그래서 이 부분에서의 방만함은 어느 정도 절제된다. 그렇지만 업무 측면에서는 숨은 부실과 방만이 여전히 존재하고 있다. 이에 대해 특별히 경계하지 않으면 보이지 않는 곳에서 방만 경영이 뿌리를 내릴 가능성이 크다.

특히 공기업 상임감사와 감사실은 이런 방만함이 발생하지 않도록 방지하고 효율적인 시스템을 유지할 책임을 갖고 있다. 비용이 부적절하게 사용되는 것을 감사를 통해 걸러내어 예산 낭비를 막는다거나 공익과 관련 없는 구성원들만의 편익을 위한 의사결정이 이루어지고 추진되는 과정을 차단하는 등의 일이 대표적이다.

예를 들어 통근용 버스를 구매하면서, 직원 통근 편의라는 목적을 외면하고 좌석을 줄이고 내부를 치장하고 고급 오디오를 부착해 관광용으로 만들도록 방치해서는 안 된다. 업무용 컴퓨터를 살 때도 실제 업무에 소용되는 기능과 사양에 맞게 효율적으로 선택을 하지 않고 더 비싼 비용을 들여 게임용을 들여놓도록 내버려두어서도 안 된다. 설비나 기계 등 작업에 소요되는 장비나 물품을 제대로 관리하는지, 사용 가능한 자산을 불용처리하여 일어나는 예산 낭비는 없는지 등 매우 사소하고 일상적인 것부터 대규모 예산이 투입되는 일까지 공기업 내부에는 이런 비효율과 방만의 위험 요소가 곳곳에 잠재해 있다. 감사는 이런 부분을 면밀하게 들여다보아야 한다.

미국의 생물학자 개릿 하딘이 주창한 공유지의 비극이라는 개념이 있다. 공동체가 모두 사용해야 할 자원을 통제 없이 시장 자율의 기능에 맡겨두면 구성원들이 이를 남용하여 곧 고갈된다는 내용이다. 따라서 국가의 개입과 관여가 요구된다. 공기업은 지배 구조로 볼 때 공유지 성격이 일부 있다. 구성원들끼리 누이 좋고 매부 좋다는 식으로 자원을 남용하게 될 위험이 상존한다. 따라서 공유지의 비극이 초래되어 방만 경영이 일어나는 것을 내부 통제와 감사 기능을 통해 막아야 한다.

사업 추진상의 방만 경영 극복

방만 경영은 모든 국민이 우려하는 공공부문의 비일비재한 현상이다. 어떤 공기업에서 있었던 감사 이야기를 들어보자. 그 기업 내 신사업 관련 부서에 대한 감사를 진행하였는데, 겉보기에는 그럴듯한 계획이었다고 한다. 하지만 꼼꼼하게 들여다보자 치명적인 문제점들이 눈에 띄었던 것이다.

무슨 이유에서였는지 보고와 결제 절차에 하자가 있었다. 상사를 기망하거나 결제를 건너뛰는 식으로 기안이 이루어진 의혹이 있었다. 또한, 각종 수치에는 주관적 기대에서 비롯된 과장과 비약이 숨어 있었다. 예상 비용은 축소된 느낌이었고 기대 성과는 극단적으로 부풀려져 있었다. 예를 들어 자금 조달에 있어서 금융 비용은 시장 평균값을 크게 벗어난 최저 기준으로 책정했고, 매출과 이익률은 유사한 사업보다 훨씬 더 높게 잡았다.

흔히 이런 유형의 사업은 '먹튀'형 사업 계획이 될 수 있다. 기안자가 이 사업을 담당하는 동안에는 잠시 화려하게 단기적 성과가 나오고 이후에는 서서히 골칫덩어리로 전락하는 사례가 될 가능성이 크다.

사업성을 과장하여 계획을 승인받은 후 실제로 추진하고 초기 매출이 발생하면 성과를 인정받을 수 있을 것이다. 이것이 고과에 반영되어 승진하고 다른 부서로 옮겨가면 부실은 그 이후에 드러나고 막대한 후유증을 앓게 된다. 그러나 당사자는 이미 성과를 인정받아 승진이라는 열매를 딴 후의 일이다. 당사자는 해당 사업에서 손을 뗀 이후 과정이 잘못되었다며 자신의 책임을 회피할 수도 있을 것이다.

단기 성과로 자신을 드러낼 수는 있지만, 회사에는 장기적으로 커다란 손실을 안겨줄 근시안적 사업 계획이라는 것이 철저한 감사를 통해 확실해졌다. 그 기업 감사는 당연히 이 사업의 추진에 의문점을 제기했다. 그리고 이런 단기 성과주의 '사업 분식'에 대해 분명한 책임을 물었다.

분식(粉飾)은 '실제보다 좋게 보이려고 사실을 숨기고 거짓으로

꾸민다'는 뜻이 있다. 기업에는 회계 분식만 일어나는 건 아니다. 사업 분식, 직무 분식 등이 존재한다. 이로 인해 방만 경영이 초래된다. 감사는 편법·위법·탈법·불법 등의 명백한 위반 사항만 적발하거나 예방하지는 않는다. 비록 법률적 하자가 없다고 하더라도 사업이나 직무를 분식하여 비효율을 일으키고 방만 경영을 불러오는 시도 또한 막아야 한다.

단기 성과주의, 실무자·중간관리자·경영진이 자신의 가치를 드러내려는 의도에서 비롯된 무리한 사업이나 행정에서 비효율과 방만 경영이 발생할 수 있다. 이러한 사업 추진상의 방만 경영을 예방하고 효율성을 지키도록 철저히 통제하고 예방하는 것은 감사의 중요한 직무 중 하나이다.

감사의
윤리성

자격을 갖춘 사람

1995년 SBS에서 방영되었던 드라마 〈모래시계〉는 경이적인 시청률을 기록하며 공전의 히트를 쳤다. 이 드라마의 결말 부분에는 인상적인 장면이 나온다.

최민수가 분한 박태수는 조직 폭력과 불법 도박장 운영 등의 혐의로 구속되어 있다. 박상원이 분한 강우석은 박태수의 친구이자 검사이다. 박태수와 강우석은 각각 피의자와 검사의 신분으로 만난다.

강우석은 박태수의 수사와 기소를 맡는 것을 꺼린다. 친구인 이유도 있지만, 그의 마음 깊은 곳에는 그가 진압군으로 5·18 광주민주화운동의 현장에 투입되었을 때 시민군으로 싸우는 박태수를 마주한 아픈 기억이 자리 잡고 있기 때문이다. 그는 박태수를 정죄할 도덕적 정당성이 없다고 생각했다.

그러나 박태수는 강우석이 자신을 수사하고 기소하고 구형해 달라고 부탁한다. 자격 없는 다른 사람이 자신의 죄를 비난하는 것은 참을 수 없지만, 친구이자 선량한 삶을 살아온 강우석이 죄를 묻는 것은 받아들일 수 있다는 이유였다. 강우석이 갖춘 도덕적 정당성이 자신의 처벌을 수용하게 한다는 것이다. 강우석은 사형을 구형하고 법정에서 사형을 언도받은 박태수는 형장의 이슬로 사라진다.

내 잘못을 지적당하고 처벌을 받아야 할 때, 내 잘못을 따져 묻는 사람이 과연 그러한 자격을 갖추었는지는 비판과 처벌을 흔쾌히 수용하는 데 결정적인 기준이 된다. 굳이 법정이 아니더라도 마찬가지다. 그리고 그 자격은 신분적 권위를 넘어 도덕적 정당성에 의해 부여된다. 나보다 도덕적으로 우위에 있는 사람이 나를 책망할 때 더 잘 받아들일 수 있다.

한 사람이 다른 사람의 잘못을 지적하고 징계하는 것은 미묘하고 복잡한 일이다. 때로는 불공평하게 받아들여진다. 인간 대 인간의 평등한 관계를 역행하기 때문이다.

"죄는 인간이 짓고 용서는 신이 한다"는 서양 속담이 있듯, 사람의 잘못에 대한 판단과 그에 따른 징계나 처벌에는 신적 권위가 필요한지도 모른다.

권위와 정당성

조직 내 감사 과정에서도 이러한 딜레마가 그대로 나타난다. 감사나 감사 부서 직원들은 그 권한을 잠시 부여받아 수행할 뿐, 사람의 잘못을 따져 묻고 처벌을 요구할 권위를 태어날 때부터 부여받은 것은 아니다. 그래서 여기에 정당성을 부여해주는 것이 윤리성이다. 피감인들은 감사나 감사 부서 구성원이 얼마나 윤리적인가에 따라서 수용성이 달라진다.

따라서 높은 수준의 윤리적 소양과 자질을 갖추었는가는 감사에게 매우 중요하다. 여기에 따라 감사의 권위가 생길 수도 그렇지 않을 수도 있다. 감사가 윤리적으로 흠결이 있고 평소 품행이 건전하지 않다면, 잘못을 저질러 감사를 받고 징계를 받게 되더라도 그 처분에 대한 수용성은 낮아진다. '그러는 당신은 얼마나 깨끗하냐?'고 마음속으로 항변할지도 모른다. 그러면 징계의 효과는 그만큼 낮아지고 조직 내에 해당 사안으로 인한 경계와 예방의 메시지 효과는 사라진다.

감사가 윤리적이라면 적발과 징계의 상황이 아닌 일상 활동에서도 권위가 생기고 처분을 할 경우에도 이에 정당성을 부여받는다. 그가 사소하게는 복사용지 한 장도 아껴 쓰고 아주 급하지 않을 때는 대중교통을 이용하면서 자원을 아끼는 사람이라면 예산 절감을 호소하며 감사 업무를 할 때 설득력은 더 커진다. 감사 자신은 조금 더 불편할지라도 높은 도덕성에서 비롯된 신뢰를 만들어내며 피감인들의 수용성을 크게 하는 것이다.

감사 부서 구성원들 역시 마찬가지다. 평소 사적 이익을 챙기거나 향응을 받으며 권위를 내세워 갑질을 일삼는다면 그에 대한 소문이나 평판은 나빠질 것이다. 그는 결국 비난을 받게 되고 직무 수행에 필요한 신뢰와 권위, 정당성을 잃어버린다. 반대로 정갈하게 처신하는 청렴한 사람이라면 함부로 그의 자격을 공격할 수 없다.

감사의 도덕성은 직무 수행의 기반이다. 반대로 감사의 부도덕성이나 윤리적 약점은 직무를 수행하는 데 결정적인 걸림돌이 된다.

감사는 윤리적이어야 한다. 그래야 정당한 자격을 인정받으며, 권위를 부여받고 피감인들의 자발적인 수용을 이끌 수 있다. 적어도 다른 업무를 하는 사람들보다 감사 부서 구성원들이 더 깨끗하고 도덕적이어야 한다. 그래서 감사 부서 직원들이 사규를 어기거나 부적절하게 처신하면 실행 부서 직원들이 같은 행동을 했을 때보다 훨씬 더 엄정한 처벌을 받도록 규정되어 있다.

대부분의 조직이 내부적으로 '감사인 윤리 강령' 같은 것을 가지고 있다. 회사마다 차이가 있는데, 여기서는 세계내부감사인협회(IIA)의 윤리 강령으로 전 세계(全世界) 내부감사인들에게 공통으로 적용되는 내용을 바탕으로 한국감사협회가 한국 상황에 맞게 수정하여 정립한 윤리 강령을 소개하고자 한다.

행동 강령(Code of Conduct)

1. 성실성(Integrity)
협회의 모든 이사회 임원 및 직무 관련자는,

1-1. 성실, 근면 및 책임감을 가지고 업무를 수행한다.
1-2. 합법적, 윤리적인 조직의 목표를 존중하고 지향한다.
1-3. 관련 법규를 준수하고, 불법행위나 조직원으로서 불명예스러운 행동을 하지 않는다.
1-4. 협회 회원들에게 제공되는 전문자료, 교육 및 세미나를 개발하고 실시하며, 사용된 정보의 정확성과 완전성을 보장하기 위해 적절한 조치를 취한다.
1-5. 협회 회원들에게 제공되는 교육 및 세미나의 효과를 측정한다.

2. 객관성(Objectivity)
협회의 모든 이사회 임원 및 직무 관련자는,

2-1. 협회의 이익과 충돌할 수 있는 활동이나 관계를 회피한다.
2-2. 개인적인 이해관계와 관계없이 윤리적이고 합법적인 의사결정을 지원한다.
2-3. 공정한 판단을 손상하거나 손상할 것으로 간주되는 어떤 것도 받지 않으며, 그러한 활동이나 관계에 참여하지 않는다.
2-4. 보고가 왜곡되지 않도록 알게 된 모든 사실을 밝힌다.
2-5. 협회 회원에게 제공하는 서비스는 개인/조직의 크기 또는 지위에 관계없이 모든 회원에게 공정하고 일관되게 제공한다.

3. 보안의식(Confidentiality)
협회의 모든 이사회 임원 및 직무 관련자는,

3-1. 협회의 모든 업무수행 중에 획득한 정보의 사용과 보호에 신중해야 한다.
3-2. 개인의 이익을 목적으로 정보를 사용해서는 안 되며, 법규 및 협회의 윤리적 목적에 위배되는 방식으로 정보를 이용하지 않는다.
3-3. 윤리적 방법을 통해 정보를 수집하고 제공한다.
3-4. 협회에서 개발된 전문자료, 교육 및 세미나 관련 자료 이용 시에는 적절한 승인을 받은 정보만 사용한다.

4. 역량(Competency)
협회의 모든 이사회 임원 및 직무 관련자는,

4-1. 지식, 기술, 경험을 보유한 부문에 대해서만 직무 서비스를 수행한다.
4-2. 직무 수행 기준에 따라 업무를 수행한다.
4-3. 지속적으로 업무 숙련도를 높여 직무 서비스의 품질을 향상시킨다.
4-4. 필요한 지식이나 숙련도가 부족한 부문에서는 전문가의 도움을 구한다.
4-5. 협회 회원들에게 전문 자료, 교육 및 세미나를 제공하기 위해서는 충분한 지식과 경험을 갖춘 전문가를 확인하여 개발 및 실시한다.

(사)한국감사협회 「이사회 임원 및 직무 관련자 윤리 행동 강령」 중 행동 강령 부분

5
청렴 대한민국을
향해

공기업·공공기관
감사 제도 발전

공기업 감사 기능 강화

한국 사회 전반의 발전과 민주주의 성숙과 함께 공기업·공공기관의 감사 기능도 발전을 거듭해왔다. 감사와 감사 부서 구성원들이 독립성·전문성·윤리성을 갖고 내부 통제력을 발휘할 수 있도록 기본 시스템이 구축되어왔으며 더욱 정교해지리라 기대한다. 앞으로 공기업·공공기관 감사 제도는 그 기능과 효과를 더욱 내실화하고, 발전된 체계를 민간기업과 사회단체 영역으로 더욱 확장해야 할 과제를 안고 있다.

내부감사 제도를 효율성이나 업무 신속성 측면에서만 판단하여, 기능 축소를 주장하는 목소리가 없지 않다. 이들은 감사원을 통한 외부감사, 외부 회계법인을 통한 회계 감사 등에 의해 감사 기능을 대부분 실현할 수 있으며, 내부감사는 투입 자원이 많고 혁신적 활동을 억압하는 측면이 강하다고 주장한다.

그런데 회계 감사만으로 한 조직의 활동 상황 모두를 파악할 수 없다. 회계 감사는 장부에 표시된 돈의 흐름에만 집중하게 된다. 또한, 감사원 한곳이 수많은 정부 부처, 준정부기관, 공공기관, 공기업 등의 업무 전체를 어떻게 들여다보고 감시·감독할 수 있겠는가? 감사원은 크게 문제 되는 사안만 다룰 수밖에 없으며, 범죄나 대형 사건이 발생할 때는 검찰과 경찰 등 사정 기관이 나설 것이다.

일상적인 업무 부조리와 비위 적발 그리고 예방, 컨설팅 등은 내부감사가 맡는 것이 합리적이다. 직무 감사를 위해서는 해당 조직의 상황을 잘 알아야 한다. 조직 구조, 업무, 현재 여건, 산업의 특성, 조직원의 문화 등을 입체적으로 이해해야 한다. 내부 사정을 모르고는 직무 감사를 진행할 수 없으며 외부에서 직무 감사를 하는 데는 분명한 한계가 따른다. 이렇듯 감사를 하는 사람이 내부에 정통해야 하기에 내부감사 제도를 운용하는 것이다.

내부감사는 비용만 들고 번거로운 형식적 절차가 아니다. 내부감사는 적발하고 징계하는 사후적 기능도 있지만, 감시와 통제로 비위와 위험을 사전 통제하는 기능이 우선적이다. 내부감사 기능이 철저하게 실현되는 조직은 그만큼 비위 발생 가능성이 작아진다. 조직의 역량과 비용이 낭비되거나 위험에 처할 확률도 줄어

든다. 독립성이 강한 내부감사는 실행 부서와 다른 관점으로 사안을 보고 해석하기에 보완적 역할을 한다. 똑같은 규정을 놓고도 실행 부서는 더 편의적으로 해석하는 경향이 존재한다. 이때 내부감사가 더 엄정하고 덜 위험한 길을 제시한다. 따라서 내부감사는 리스크를 낮추고 조직의 생산성을 높이는 데 기여한다고 생각한다

공기업·공공기관에서 내부감사 기능을 약화시키려는 것은 시간을 거꾸로 되돌리는 비합리적인 시도이다. 현재 내부감사 제도를 약화시킬 이유는 전혀 없다. 감사 제도 운용 과정에서 효율성을 해치거나 혁신적 시도를 제한하는 등의 부작용이 발견된다면 그 부분에 대한 개선 방안을 찾으면 된다.

선진 자본주의 국가에서는 대부분 공공부문뿐 아니라 민간영역에서도 감사 기능이 활성화되어 있다. 세습 자본주의적 행태를 보이는 한국의 폐쇄적 족벌 소유 및 경영과는 다르게 선진국은 대체로 소유와 경영이 분리되어 있다. 전문경영인을 CEO로 앉히기 때문에 주주는 독립적이고 강력한 권한을 지닌 감사를 두게 된다. 우리는 대주주와 최고경영자가 같기 때문에 감사 기능을 불필요하거나 거북스럽게 여긴다. 그래서 민간영역에서 많은 기업이 최소 법적 요건만 충족하는 방식으로, 감사를 선임하고 실무 인력을 배정하지 않거나 최소화하기 때문에 제대로 된 감사 기능을 기대할 수 없는 형편이다.

내부감사 제도 발전 방향

제도 운용 과정의 경험이 축적되고 여러 측면의 연구가 이루어지면서 한국 내부감사 제도는 공기업·공공기관 중심으로 크게 발전해왔다. 그렇지만 완벽한 것은 아니다. 보완해야 할 과제도 많다.

첫째, 내부감사가 조직이나 활동에 경직성을 가져온다는 지적에 관심을 기울여야 한다. 감사 기능, 특히 사후 적발과 징계가 강력할 때는 그 조직의 구성원이 과감하고 실험적인 시도를 기피하는 경향이 생긴다. 즉 업무를 소극적으로 하게 될 가능성이 크다. 감사제도가 조직의 소극성을 불러오지 않도록 시스템적인 보완책을 찾아야 한다. 앞에서 이야기했듯이 사전 감사, 컨설팅 감사 등의 확대를 통해 조직의 도전정신과 혁신성을 일으키는 데 조력해야 할 것이다. 적극 업무 면책 제도도 적극적으로 확대·적용해야 한다.

공기업의 경영 혁신은 CEO와 실행 부서의 역할이다. 원칙적으로 볼 때 상임감사나 감사실이 혁신의 주체가 될 수는 없다. 하지만 감사 기능이 잘 수행되면 혁신을 촉진시킬 수도 있다. 조직의 내부 기강이 바로 서고 투명성이 높아지며 원칙에 따라 업무가 수행되면 자연스럽게 본연의 업무에 집중할 수 있으면서 혁신이 일어나고 그것이 조직 혁신으로까지 연결된다는 게 내가 직접 경험하며 깨달은 것이다. 감사는 혁신을 주도하거나 추진하지는 못한다. 그러나 혁신의 촉매나 보조자 역할을 잘 수행할 수는 있다.

둘째, 공기업·공공기관 상임감사 임명 기준을 탄력적으로 완화할 필요가 있다. 현재 임직원이 약 500명 이상일 때만 상임감사를 의무화하고 있다. 하지만 근무하는 인원이 적더라도 사회적 영향력이 큰 사업을 진행하거나 대규모 예산을 다룰 수도 있다. 이런 조직에 상임감사가 없다면 경영진과 직원들을 감시·감독할 수 없으며, 경영진에게 정보가 독점될 수 있다. 감사실 규모가 크고 작고는 큰 상관이 없지만, 있고 없고는 결정적인 차이가 된다. 따라서 기준을 기계적으로 적용하지 않고, 상임감사의 필요성을 따져서 임명 요건을 만드는 것이 바람직하다고 본다.

셋째, 공기업·공공기관 감사 기능을 약화하거나 독립성을 해치는 요인들에 대한 적절한 대처가 필요하다. 이에 대해서는 뒤에서 자세히 다루겠다.

넷째, 공기업·공공기관 임원, 특히 상임감사 임명 관행을 바꿀 필요가 있다. 여기에 대해서도 역시 뒤에 이어서 상세히 다루겠다.

공기업·공공기관
감사 임명에 관한 제언

전문성과 민주성

대통령 선거 이후 정권이 바뀔 때마다 끊이지 않는 시빗거리가 하나 있다. 공기업·공공기관 CEO와 감사 등의 임원 임명을 두고 벌어지는 낙하산 논쟁이다. 주로 해당 산업의 전문성이 없는 정치권 출신 인사를 임명할 때 낙하산이라는 비난에 휩싸인다. 이런 비난을 피하기 위해 해당 분야 학자·교수·공무원이나 그 회사 출신 중에서 임원을 임명하는 일도 있다. 이런 인사는 해당 산업에 대해 잘 이해하고 기술적 기반이 탄탄하다는 데서 '전문성' 측면이 강조된다.

하지만 전문성만을 고려할 때는 '민주성'이 훼손될 수 있다. 특히 공기업·공공기관 상임감사 임명에서는 전문성만을 따질 수 없는 측면이 있다. 상임감사 직무는 기술적이라기보다 행정적인 측면이 강하고 직접 경영이 아닌 견제와 균형에 초점을 맞추기 때문이다.

공기업·공공기관 임원 임면에서 민주성은 매우 중요한 요소이다. 공기업·공공기관은 정부의 대국민 접점에 서 있다. 공공적 재화나 서비스의 공급이 구매의 형태로 이루어져 행정기관의 형태가 아닌 일반기업과 유사한 형태를 취하고 있지만, 정부의 통치 철학에 따라 공적 서비스를 수행하고 있다는 점만은 분명하다.

이렇듯, 제각각의 기능을 통해 국민에게 서비스하는 공기업·공공기관은 국민의 소유이며 국민이 경영 및 통제를 할 수 있어야 한다. 그런데 '국민'이란 추상적 존재이기에 선거를 통해 권력을 위임받은 대통령이 국민을 대신해 자신의 통치 철학과 정책적 과제를 구현하는 지배 구조가 형성된다. 대통령이 직접 공기업·공공기관을 경영할 수 없으므로 대리인을 보내 경영하고 그 성과를 평가받는다. 이런 구조와 과정을 통해 선거를 통해 확인된 민의가 공기업·공공기관 경영에 반영되는 것이 민주성의 원칙이다.

그런데 언론에서는 정치권에서 온 사람만 따로 떼어내어 낙하산이라는 비난을 퍼붓곤 한다. 이 비난에 움츠러든다면 공기업·공공기관 임원 인사에서 온전히 민주성을 구현하기 힘들어진다. 전문성만이 중요하다면, 공기업·공공기관을 전문 엔지니어나 기존 내부구성원들에게만 모두 맡겨야 하나? 이 경우 민간 사기업과 무엇이 다른가?

국민 세금으로 만들어지고 국민에게 정권을 위임받은 정부가 운영하는 기관이라면 국민으로부터 위임받은 세력이나 사람, 즉 정당이나 대통령이 차후 국민의 평가를 강하게 의식하면서 자기 뜻을 관철할 대리인을 보내서 효과적으로 통제하고 경영하는 게 민주성의 정신에 맞다. 그리고 국민에게 양질의 재화와 서비스를 공급하면서 경영 성과를 내고 좋은 평가를 받으려 노력해야 한다. 만약 평가가 나쁘다면, 선거를 통한 정권 교체로 심판받게 된다.

공기업·공공기관 임원 인사에서는 이러한 민주성의 원리가 반드시 실현되어야 한다. 만약 그것을 부정하고, 내부인이나 전문가만 임명해야 한다면 그 전문가가 국민에게 수임받은 권력의 국정 철학을 제대로 구현할 수 있겠는가? 자기 개인의 의지와 뜻대로 경영할 가능성이 생기는 것이다. 그렇다면 이런 조직이 굳이 공기업·공공기관으로 존재할 이유가 없다.

그래서 공기업 인사를 할 때, 그 기업에 오래 근무했거나 우수한 엔지니어라거나 전문성이 강한 인물이라는 이유만으로 임원에 임명한다면 전문성은 살릴 수 있을지 모르나, 민주성을 포기해야만 한다.

그리고 전문성 위주의 인사는 대체로 그 분야의 기본 관행을 중요하게 여긴다. 시각이 한정되는 경향도 보인다. 그래서 새로운 관점과 혁신적 태도가 미흡할 수 있다. 예를 들어 전력 분야의 공기업 구성원 사이에는 탈핵이나 탈석탄 등과 같은 에너지 패러다임의 전환에 대해 거부감 같은 것이 깔려 있다. 기존의 원자력과 석탄 화력 중심의 에너지 산업 생태계가 광범위하며 촘촘하게 짜여 있으며, 여기에 종사하는 이해관계인도 상당히 많기 때문에 여기로부터 자유롭기가 쉽지 않은 것이다.

민주성이 중요하지만, 전문성도 빼놓을 수 없는 가치이다. 특히 CEO는 전문 지식과 역량, 조직 장악력 등의 풍부한 역량이 필요하다. 그래서 CEO 인사에서 전문성이 크게 고려된다. 한국전력 계열사만 보더라도 CEO들은 전력 분야에서 잔뼈가 굵은 전문가들이 다수이다. 그래서 전문성과 경험 등 실무력에 있어서는 대체로 인정받는 것 같다. 근래에는 이런 전문가 중에서 정부와 국정과제와 철학을 공유할 수 있는 사람으로 CEO로 임명하는 경향을 보인다.

전문성과 민주성은 모두 중요한 가치이다. 그래서 이 2가지를 통합하여 실현할 방안을 마련해야 한다. 나는 상임감사 인사에서 적절한 교육훈련 과정을 통해 두 가치를 보완할 수 있다고 생각한다. 한국감사협회장에 취임하면서 교육연수원 설립을 공약한 것 역시 그 대안의 하나이다.

민주성 원칙에 따라 임명을 하되, 직무 개시 전이나 직후 빠른 시간 내에 충분한 전문역량 교육을 진행함으로써 균형을 맞추자는 의견이다. 이와 반대로 감사원 출신이나 특정 분야의 학자, 회사 내부 인사 등 전문성을 갖춘 사람이 임명될 때는 교육연수원을 통해 정부 통치 철학과 정책 방향, 민주적 리더십 등 민주성 함양을 위한 소양 교육을 진행할 수 있을 것이다.

민주성과 전문성은 하나를 선택하면 다른 하나를 포기해야 하는 배타적 가치가 아니다. 전문성이 강한 사람에게는 취약한 민주성과 혁신성, 민주성이 확고한 사람에게는 취약한 전문성을 보완하는 프로세스를 설계하고 시행할 필요가 있다.

정치적 임명의 페르소나

낙하산 인사를 순화된 용어로 '정치적 임명'이라고 한다. 정치적 임명이 제도화된 형태가 엽관제(獵官制, Spoils system)이다. 선거를 통해 집권한 지도자와 정당에 관료나 공공기관 임원 임면에 대한 전면적 재량권을 부여하는 제도이다.

나는 공기업·공공기관 임원 인사, 특히 상임감사 인사에 엽관제를 공식화하여야 한다고 생각한다. 그것이 민주성의 원칙에 맞으며 전문성과의 균형을 맞추기에도 적합하기 때문이다.

현재 공기업·공공기관 임원 임명 방식은 기본적으로 공개경쟁 선발이다. 보통 먼저 이사회에서 비상임이사와 내외부 전문가 등으로 구성된 임원추천위원회를 조직한다. 그리고 첫 임원추천위원회 회의에서 임명 프로세스와 일정을 잡아서 의결한 다음 이를 공지한다. 이후 후보자들이 공모에 응하면, 임원추천위원회에서 서류를 심사하고 후보자를 압축한다. 압축된 후보자들을 대상으로 2차로 면접 심사를 하며 그 후 평가를 한 뒤 최종 후보자나 대상자를 선정하고 이사회가 이를 승인한다. 공공기관운영위원회가 최종 검토하여 CEO는 해당 정부 부처 장관, 상임감사는 기획재정부 장관이 결정하여 후보를(복수의 후보를 올리기도 한다) 제청하고 이에 대해 대통령이 임명한다. 이 과정에서 각 단위에서 치열하고 엄정한 검증이 이루어진다.

대부분의 경우 공개경쟁이 형식적으로는 엄격하게 이루어진다. 나름의 민주적이고 절차적인 합리성을 보인다. 다만 이미 내정해 놓고 '눈 가리고 아웅' 하는 식이라는 비판도 존재한다. 이렇듯 내정 의혹을 받는 정치적 임명을 공개경쟁 방식으로 하기보다는 엽관제를 공식적으로 채택하는 게 더 합리적일 것이라는 게 내 의견이다.

엽관제로 임명하되, 선발과 검증 과정을 엄격하게 하도록 프로세스를 갖추고 인사 결과에 강력한 책임을 져야 한다. 그것이 민주성을 담보하는 과정이다. 또한, 엽관제로 임명되면 업무를 수행하는 사람을 평가하고 검증하는 과정도 잘 갖추어야 한다. 이것을 치밀하게 잘 설계해야 한다. 그것이 국민으로부터 권력을 위임받은 정권이 마땅히 수행해야 할 절차이다. 물론 현재도 검증 절차가 있다. 상임감사의 경우, 기획재정부의 감사 직무 수행 평가,

감사원 감사 평가도 있지만, 이보다 더 체계적이며 정교하게 할 필요가 있다. 이를 위해 총리실 산하에 전문 '평가원'을 설치하는 것도 고려해봄 직하다.

그리고 중앙 정부가 임명하는 공기업·공공기관 CEO와 감사는 대통령과 임기를 같이할 필요가 있다고 본다. 그래야 그 정권의 국정 철학에 따라 소신껏 일할 수 있다. 또 정권이 바뀔 때마다 임원의 보장된 임기를 무시하고 부당한 압력을 행사하여 몰아내면서 벌어지는 소란도 원천적으로 방지할 수 있다. 행정 절차 때문에 일부 시차가 있을 수 있으나 기본적으로는 대통령의 임기 종료와 함께 공기업·공공기관 임원의 임기도 만료되는 것으로 정하는 게 바람직하다.

정권이 위임받은 권한을 바탕으로 소신껏 일하는 것은 민주주의 대의 정치에서 당연한 일이며 원리적으로 합당하다. 이런 기본이 공기업·공공기관 임원 임면에도 그대로 적용되어야 한다. 그래야 분명한 책임성이 생긴다. 좋은 인사를 했으면 잘했다는 평가를 받을 것이고, 부족하고 능력이 안 되는 사람을 임명하면 나중에 부정적 평가를 받을 것이다. 그럼으로써 정치적 책임을 지게 된다.

나는 엽관제를 공식화해야 한다는 의견을 가지고 있지만, 그것이 단기간에 전면적으로 시행되기는 어렵다고 본다. 정치 문화와 기반이 바뀌어야 하기 때문이다. 미국의 경우 대통령이 바뀌면

교체되는 자리의 수가 매우 많다. 그러나 우리는 일부 정무직 외에는 임명할 수 있는 자리가 한정되어 있고 또한 잘 바뀌지 않는다. 그래서 정책 전환을 수행할 때 조직적 저항에 부닥치고 말단까지 전달되는 데에도 심각한 지체 현상을 겪는다.

기본적으로 엽관제는 정당의 정책적 전문성으로 뒷받침되어야 한다. 수권 전문성을 갖추고 이를 통해 다양한 방면으로 업무를 수행할 만한 전문성을 갖추어야 한다. 정당 내부에 다양한 분야에서 정책을 수행할 만한 전문가 풀을 갖추어야 한다. 그런데 한국 정당의 수준은 아직 여기에 미치지 못한다. 연속성과 안정성이 부족하다. 전문가가 성장하는 기반이 매우 취약하다.

과거 권위주의 정부 시절에는 '민주화'라는 의제만으로 똘똘 뭉칠 수 있었고 대안이 될 수 있었다. 그러나 지금은 다르다. 모든 정당이 민생과 관련된 촘촘한 의제에 대한 대안을 제시해야 한다. 그만큼 각 분야의 전문가가 많아야 한다. 이들을 중심으로 정책 개발을 하고 공약을 만들어내야 한다. 그리고 선거로 지지를 받아 집권하면 공약을 이행할 때, 그 공약을 입안했던 전문가들이 정부 및 관련 공공기관에서 직접 그것을 수행하는 것이 이상적이다. 이렇듯 정당이 안정화되고 정치 문화와 수준이 진일보해야 전면적인 엽관제가 제대로 작동할 수 있으리라 본다.

엽관제를 공식화하자는 말은 보은이나 친분을 중심으로 한 정실인사를 하자는 뜻이 아니다. 만약 공기업·공공기관 CEO 인사를 잘못하면 그 때문에 그 조직의 생존이 위태로워지고 국민을 대상으로 한 재화나 서비스의 공급에 큰 차질을 빚을 수도 있다. 상임감사의 경우 CEO보다는 경영 리스크가 덜할지 모르지만, 적임자를 임명하지 않으면 CEO 못지않은 위기의 공동 책임을 불러올 수 있다. 자리만 지키고 자신이 무슨 일을 하는지도 모르며 무사안일·복지부동·보신주의·관료주의로 일관하게 된다면 국민으로부터 외면받고 매서운 외생적 수술대에 오를 게 뻔하기 때문이다.

낙하산이 어때서

나는 공기업·공공기관 상임감사를 임명할 때 가장 크게 고려할 점은 윤리성이라고 본다. 그다음은 정권의 대리인으로서 국정 철학과 정책 방향에 대한 이해와 소신이라 생각한다. 이런 기준 없이 단순히 기능적으로 감사 업무만 한다면 감사 전문인들이 더 적합할 것이다. 적어도 공기업·공공기관 임원은 정부 국정 철학을 공유해야 한다. 임명할 때도 이러한 부분을 눈여겨보아야 하며 소양과 자질, 정책적 이해도와 철학 및 신념 등도 살펴야 할 것이다.

국정 철학을 공유하며 윤리적 자질이 뛰어난 상임감사는 철학을 가지고 소신껏 일할 수 있다. 그런데 이런 상임감사는 이른바 '낙하산'일 가능성이 크다. 나는 상임감사에게는 낙하산이라는 말이 곧 비난과 비판이라고 생각하지 않는다. 낙하산 감사는 여러 면에서 훌륭한 감사가 될 여건을 갖추고 있다.

첫째, 공정하고 엄격한 직무 수행에 유리하다. 감사 직무는 조직 내 다른 분야와 달리 독립성이 매우 중요하다. 감사의 중요한 직무 중 하나는 다른 사람을 징계하는 일이다. 이런 일을 수행하다 보면 여기저기서 하소연을 듣게 된다. 이때 감사가 그 분야에 오래 종사한 사람이라면 아는 사람도 많고 의식해야 할 부분도 더 커진다. 업무의 독립성·공정성·엄정함을 유지하기 어려워질 수 있다. 그런데 아예 모르는 사람이라면 더 원칙적으로 판단할 수 있다. 따라서 상임감사는 외부에서 오는 게 오히려 더 독립적이며 공정할 수 있다. 만약 내가 현재의 회사에 10년 이상 근무했었다면 과감한 조처를 하지 못했을지 모른다.

둘째, 혁신성을 발휘할 여지가 크다. 공기업이나 공공기관에는 대체로 오랫동안 쌓아온 관행이 있다. 그 틀 내에서 일하기 때문에 무심코 넘기거나 놓치고 있는 부분이 많다. 심지어는 비효율과 방만 경영에도 둔감해진다. 그러면 도덕적 해이에도 빠질 수 있다. 외부 인사가 상임감사로 임명된다면 다른 시각으로 조직을 보기 때문에 고정관념이나 오랜 관행으로 인해 놓쳤던 문제점을 발견하기 쉽다.

치열한 경쟁에 노출된 민간기업은 과하다 싶을 정도로 혁신에 나선다. 따로 변화와 혁신을 강조할 필요성이 없을 수도 있다. 하지만 공기업·공공기관은 혁신에 대한 의지가 부족한 것이 현실이다. 따라서 기업 운영에 의식적으로라도 혁신에 방점을 찍는 자세가 중요하다. 외부에서 혁신적 리더십을 갖춘 인사를 영입하여 임명하는 것은 그 중요한 방안 중 하나일 것이다.

민간기업 감사
기능 확대

공공부문 감사 제도 벤치마킹 필요

앞에서 이야기했듯 우리나라는 공기업·공공기관의 감사 시스템이 비교적 잘 구축되어 있다. 반면 민간기업의 감사 시스템은 기업별 편차가 있지만, 상대적으로 취약한 편이다. 한국감사협회장을 맡아 현황을 살펴보면서 이런 경향을 확연히 알 수 있었다. 한국감사협회는 공기업과 민간기업의 감사를 모두 포괄하지만, 상대적으로 공기업·공공기관의 감사인들이 훨씬 활동적이고 비중도 높다.

효율성과 영리를 최우선으로 고려하는 민간기업의 특성상 감사 기능 약화는 당연하다는 의견이 있지만, 나는 여기에 동의할 수 없다. 시장경제 역사가 오래되고 시스템이 잘 구축된 서구 기업들은 한국 기업들보다 감사 기능이 훨씬 더 잘 작동되기 때문이다.

선진국 민간기업의 경우, 한국보다는 가족 기업이나 오너 경영의 비율이 낮으며 전문 경영인 체제가 폭넓게 가동되고 있다. 전문 경영인은 주주의 대리인 자격으로 기업을 책임지고 운영하지만, 그가 주주의 이익보다 자신의 사적 이익을 추구할 가능성을 배제할 수 없다. 비위나 경영 리스크의 발생도 염려된다. 따라서 주주가 자신의 대리인인 전문 경영인을 견제하고 감시해야 할 필요를 느낀다. 이런 상황에서 감사를 임명하여 회계와 업무 전반을 살펴보고 통제하고자 하는 것이다.

이렇게 보면 선진국의 감사 제도는 시장 시스템의 요구에 더 부합한다고 할 수 있다.

오너 경영 비율이 더 높은 한국 기업에서는 감사의 개입이 번거롭게 느껴질 수 있다. 그래서 감사 기능을 축소하려는 경향이 있다. 법률에 따라 감사를 임명하면서도 감사 실무 인력을 배정하지 않음으로써 관련 부서를 만들지 않거나 최소한의 인원만 배정하여 사실상 무력화하는 식이다.

감사가 독립적으로 활동하기보다는 사실상 경영진의 철저한 통제하에 있는 경우도 많다. 감사를 두기는 싫은데 법으로 정해져 있어서 형식적인 요건만 갖춘 것이다.

투명성을 높이고 사회적 가치를 실현해야 기업으로서 영속성이 커지는 것이 현재 기업 경영 환경의 특징이다.

최근 화두가 되고 있는 ESG(Environment, Social, Governance) 경영에 있어서도 기업의 사회적 책임은 친환경(Environment)과 민주적 지배 구조(Governance)와 함께 중요한 테마로 제시되고 있다. 포스트 코로나 시대, 국내 기업도 ESG 경영에 적극 나서지 않으면 앞으로는 투자 유치도 어렵고 수출에도 많은 커다란 장애가 조성될 것으로 전망된다.

감사의 역할 또한 변화된 경영 환경에 발맞추어 고도화되고 전문화되어야 한다. 지금은 새로운 감사 기능과 역할을 적극적으로 모색해야 할 시점이다.

지금처럼 민간기업이 감사 기능을 계속 등한시한다면 국제 경쟁력, 증권 시장에서의 평가, 신용도, 소비자 호감, 사회적 이미지 등에서 밀릴 수밖에 없다. 민간기업들에서도 역시 감사 기능을 자율적으로 강화해야 한다. 공기업·공공기관은 그 벤치마킹의 모델이 될 수 있을 것이다.

감사 제도 필요성에 대한 인식 제고

민간기업에서는 감사 제도가 기업의 생존을 위해 없어서는 안 되며 발전의 실질적인 견인차가 된다는 인식이 커져야 할 것이다. 감사 제도에 대해, 절차를 복잡하게 만들어 속도를 더디게 하며 혁신을 방해하는 관료주의 행태라고 비난하는 사람이 아직도 있다. 그런데 이런 불평의 내면을 들여다보면 감사 기능이 방해하는 것은 신속하고 효율적인 경영이 아니라, 부당한 경영권 세습, 오너와 경영진의 배임·횡령, 비도덕적이거나 반사회적 행동일 가능성이 크다. 시장경제와 자율 경영의 미명으로 숨겨서는 안 될 일이다.

삼성그룹 이재용 부회장을 재판 과정에서 판사가 준법감시위원회 설치를 권했다고 이재용 부회장이 이를 받아들여 그룹 차원의 준법감시위원회가 조직되어 활동 중인 것을 언론을 통해 접했을 것이다. 이 일련의 과정이 재판의 공정성에 미칠 영향이나 사회적 효과와 부작용 등에 대해서는 따로 이야기하지 않겠다. 다만, 준법감사위원회 같은 내부 통제 기구가 재판 과정에서 판사가 권유해야 받아들일 정도로 기업 소유주들에게는 꺼리는 일이라는 점에 주목할 필요가 있다. 이는 과거 기업 오너가 탈법이나 편법을 마음껏 자행해왔음을 자인하는 꼴이 아닌가 싶다.

삼성그룹 준법감시위원회가 조직되어 최고 경영진에게 권유가 받아들여진 내용은 어찌 보면 상식적인 실천들이다. 그런데도 이것이 특별한 뉴스거리가 되었다. 자신의 자녀에게 경영권을 물려주지 않겠다는 약속 역시 마찬가지다.

한국 기업의 토양에서 기업 오너의 자유로운 행동(그것이 불법이든 탈법이든 비윤리적이든)을 제약하는 모든 견제와 제어 장치가 불필요한 것이며 바람직하지 않은 일이라고 비난받아왔다. 그러나 이것은 분명 부당하다. 한국 기업이 세계 투자 시장에서 저평가를 받아온 것은 철저한 내부감사 제도처럼 강한 견제와 통제 장치가 있어서가 아니다. 혁신 활동이 더딘 것 역시 각종 제약이 발목을 잡았기 때문만은 아니다. 오히려 기업 오너가 합리적 견제와 감시를 받지 않고 불법·탈법·편법을 일삼는 이른바 오너 리스크가 더 큰 요인이 된 경우가 훨씬 많았다.

한국 기업이 세계 시장에서 총체적으로 재평가받고 인정을 받기 위해서는 좋은 제품과 서비스를 내놓은 것과 함께 기업 경영의 투명성을 확보하는 것이 중요하다. 투명성을 높이는 가장 확실한 방법은 스스로 공개하고 철저한 내부감사 시스템을 통해 준법 경영·윤리 경영을 실천하는 길뿐이다.

강화된 회계 감사

2017년 10월 '주식회사 등의 외부감사에 관한 법률(약칭 외감법)'이 전면 개정되었고 이후 2018년 10월에는 '주식회사 등의 외부감사에 관한 법률 시행령'이 발표되어 2018년 11월부터 전면 시행되었다. 이 법률은 제정 수준의 개정이라는 큰 변화를 담고 있어 '신외감법'으로 불린다.

신외감법은 외부감사의 대상 범위를 넓혔다. 자산 100억 원 미만, 부채 70억 원 미만, 연간 매출액 100억 원 미만, 종업원 수 100인 미만의 4가지 요건 중에서 3가지 이상에 해당하지 않는 회사는 재무제표를 작성하여 독립된 외부감사인에 의한 회계 감사를 받도록 했다.

기존 외감법은 그 대상을 주식회사에 한정했는데, 신외감법은 유한회사도 이에 포함했다. 이에 따라 유한회사 구조였던 외국계 기업의 한국 자회사 등이 외부감사 대상에 들어가게 되었다. 또한, 자산총액 1,000억 원 이상의 비상장회사는 감사인의 선임과 자격에 관하여 상장회사에 준하도록 하였다.

회계 정보의 작성과 공시를 위하여 내부 회계 관리 규정과 이를 관리·운영하는 조직을 두게 하였으며 상장회사 감사인이 보고 내용을 감사하도록 하여 인증 수준을 검토에서 감사로 강화했다.

'주기적 감사인 지정제'는 신외감법에서 눈에 띄는 부분이다. 상장회사와 소유·경영 미분리 회사(대주주와 특수관계인이 회사 대표이사이며 주식 50% 이상을 보유하고 있는 회사)는 6개 사업연도 동안은 회사가 감사인을 선임하는데, 이후 3개 사업연도에 대해서는 증권선물위원회가 감사인을 지정할 수 있게 한 것이다. 이를 '6+3 감사인 지정제'라 부른다.

회계 감사의 범위가 확대되고, 외부감사 선임 요건이 엄격해지는 등의 변화는 기업의 투명성을 강화하는 데 큰 영향을 미칠 것으로 보인다. 예를 들어 상장 대기업들은 주로 3년 단위로 외부 회계 감사를 맡을 회계법인과 계약을 하는데, 2번 연속해서 6년은 회사가 지정하지만, 그다음 3년은 증권선물위원회에서 외부감사인을 지정할 수 있게 한 조항은 외부감사인들이 더욱 철저하게 회계 감사를 하도록 압박한다.

과거에는 회계법인이 일감을 수주하는 입장이 강해, 고객 기업의 눈치를 보아왔다. 그러나 자신이 진행한 회계 감사를 6년 후에 다른 감사인이 들여다볼 수 있게 되었기에 조심하고 더욱 신중을 기울일 수밖에 없게 되었다.

이렇듯 회계 감사 영역에서는 감사 기능이 더욱 확대 강화될 것이다. 신외감법은 기업 규모에 따라 적용 시기를 달리하고 있다. 감사 보고서 작성일 기준으로 전년도 말 자산총액 2조 원 이상의 주권 상장 법인에 대해서는 2019년 감사 보고서부터, 자산총액 5,000억 원 이상의 주권 상장 법인에 대해서는 2020년 감사 보고서부터, 자산총액 1,000억 원 이상의 주권 상장 법인에 대해서는 2022년 감사 보고서부터 적용하고, 2023년 감사 보고서부터는 전체 주권 상장 법인에 대하여 적용한다.

앞으로 신외감법이 확대 적용됨에 따라 내외부 회계 감사가 실질적 기능을 갖게 되고 그 결과 한국 기업의 투명성이 제고되고 경쟁력이 커질 것으로 기대한다.

업무 감사로의 확대

앞에서 말했듯 기업의 회계 감사는 신외감법 시행 등으로 더욱 강화되는 추세지만 일상적 업무 감사, 더 나아가 내부 통제 기구 등은 여전히 미진하다. 기업이 번거로움을 무릅쓰고 비용을 들여가면서 내부 통제 기구를 두어야 할 이유가 무엇이냐고 항변할 수도 있다. 그러나 스스로 제어함으로써 불법과 편법, 비위 등을 막음으로써 궁극적으로 조직의 목적을 달성하며 주주의 이익에 기여할 수 있다.

코스닥에 상장된 기업만 해도 기업 내부나 경영진의 문제 등으로 '상장 폐지' 등을 당하는 경우가 종종 있다. 이런 불상사가 일어나는 이유는 한마디로 말해 정보가 공개되지 않고 감사 제도가 부실하기 때문이다. 감사의 일상적 기능이 작동하지 않아서 비위가 누적되고 결국은 최악의 사태를 불러오는 것이다.

강화된 회계 감사 제도와 비교할 때 직무 감사는 거의 사각지대나 마찬가지다. 직무와 사업 추진에서의 적법성과 준법성을 일상적으로 감사할 사람이나 기구가 실질적으로 존재하지 않는다. 그러다 문제가 생기면 검찰이나 경찰이 나서야 할 정도로 곪아 있는 경우가 많다. 이런 현상은 매우 바람직하지 않다. 주주는 물론 국민경제에 심대한 타격을 준다. 앞으로는 민간기업이 준법 감시 제도, 상임감사 제도 등을 적극적으로 도입하는 게 바람직하다. 제도를 정비하여 각각의 기업 규모에 맞는 감사 제도를 도입 운영할 필요가 있다.

또한, 기업의 사회적 역할에 대해 관심이 커지고 있다. '기업 시민'이라는 용어가 있듯이 기업이 사회의 한 주체로서 공적인 의무와 책임을 다할 때 그 기업은 사회적 존중과 소비자의 사랑을 받으며 성장할 수 있다. 소비자인 시민들은 그 기업이 환경친화적인지, 협력 회사에 갑질을 일삼으며 과도하게 쥐어짜지 않는지, 종업원들을 비인간적으로 대하지 않는지, 세금을 비롯한 공적 자원 이용에 대해 정당한 대가를 자발적으로 치르는지, 법을 어기지는 않는지 등에 관심을 두고 지켜본다. 그리고 기업의 경영진이나 소유자가 탈법이나 부도덕을 저지르지 않는지도 지켜본다. 높아진 사회적 기준에 도달하지 않는 기업은 법적 제재는 물론이고 기업 이미지 손상을 불러와 생존조차 어려운 상황에 처하게 된다. 그런데 현재는 기업의 사회적 역할에 대한 인식이 높지 않은 편이다. 기업을 사적 소유로만 보고 제약받는 것을 싫어한다.

이제 기업이 효율성과 이윤만 따질 것이 아니라 사회와 소통하며 기여하는 공적 역할도 중요시해야 한다. 우선적으로 기업을 훨씬 더 투명하게 운영할 필요가 있다. 이를 위해 감사 기능이 더 강화되고 증대될 필요가 있다.

우리 사회의 법과 제도 변화도 감사 기능을 강화하는 방향으로 향하고 있다. 상법·공정거래법·금융그룹감독법을 아울러 일컫는 이른바 '공정 경제 3법'이 19대와 20대 국회에서 논의되었지만, 열매를 맺지 못했다. 이후 '경제 민주화'의 입안자를 자처하는 김종인 국민의힘 비대위원장이 개정 의지를 밝히며 협력하였고

2020년 12월 9일 국회 본회의를 통과하였다. 이 법의 본격 시행을 통해 실질적인 변화가 예상된다.

나는 그중에서도 상법 개정안의 감사 기능 강화에 주목하고 있다. 특히 감사위원회 위원 분리 선출제가 눈에 띈다. 현재 감사위원은 선임된 이사 중에서 선출하는 방식이다. 그런데 통과된 상법 개정안은 감사위원 후보 이사를 선임할 때 주주총회 결의로 다른 이사와 분리 선임하도록 하고 있다. 민간기업 감사의 독립성과 권한이 커질 수 있기에 기업 경영 투명화에 기여하는 바가 크리라 본다.

2020년 10월 29일에는 국민권익위원회가 '기업의 투명성 제고 방안'으로 상장 기업 감사 기능 강화를 권고했다. 상장 기업이 상근감사를 선임하는 경우 감사 전문성이나 일정 기간 이상의 업무 경력을 갖춘 사람을 임명하며, 실효성 있는 내부감사 업무가 이루어질 수 있도록 충실한 지원 체계를 갖추도록 권고했다. 그리고 내부감사 체계에 관한 정보를 투명하게 공개하기 위해 상근감사 또는 감사위원의 자격 요건 충족 현황과 내부감사 지원 체계 현황을 충실하게 공시할 것을 제안했다. 현재는 권고 수준이지만 추후 시간이 흐르면서 공감대가 넓혀지면 제도가 정착되고 안정화되면서 법제화되리라 예상한다.

기업의 투명성과 공정성, 사회적 역할을 추구하고 강화하면 그 기업은 좋은 평판과 소비자의 신뢰, 더 나아가 높은 기업 가치를 얻는다. 시장의 신뢰와 사회적 인정을 받으며 더 크게 성장할 수 있다. 감사 기능의 강화는 기업의 장기적 이해관계 면에서도 긍정적인 역할을 할 것이다. 따라서 민간기업의 감사 기능 강화는 해당 기업을 넘어 한국 경제와 사회의 발전을 위해 매우 중요한 과제이다.

깨끗한 한국이
강한 한국이다

부패인식지수

독일 베를린에 본부를 둔 세계적 NGO 국제투명성기구(TI, Transparency Internationa)는 1995년부터 매년 국가별 부패인식지수(CPI, Corruption Perceptions Index)를 발표하고 있다. 이것은 국가별 청렴도 인식을 나타내는데, 공무원과 정치인이 얼마나 부패했다고 느끼는지에 대한 정도를 국가별로 비교하고 순위를 매긴다. 우리나라는 2017년 51위, 2018년 45위, 2019년 39위를 기록한 데 이어 2020년 33위를 달성, 전년 대비 6단계 올라서며 역대 최고 점수와 최고순위를 기록했다. 현 정부는 2022년까지 부패인식지수 세계 20위권에 진입한다는 목표를 세우고 다양한 정책을 추진하고 있다.

한국의 연도별 부패인식지수 순위(세계 180개국 중)

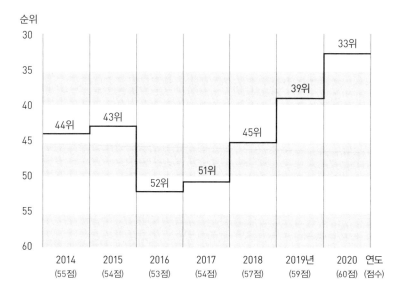

NGO가 발표하는 지표에 각 나라가 민감하게 반응하고 순위를 올리기 위해 노력하는 이유는 무엇일까? 그것은 한 나라의 청렴도와 경쟁력이 정비례 관계에 있기 때문이다. 이것은 상식적으로 자명한 일이다.

사회가 부패하면 위험이 쌓이고 부작용이 빚어지면, 창의적 시도와 성실한 노력이 줄어들기 마련이다. 뇌물이 오가며 이루어진 사업이 어떤 결과를 초래하는지 우리는 너무 잘 알고 있다. 성수대교 같은 큰 다리, 삼풍백화점처럼 웅장한 건물도 하루아침에 무너져 내린다. 이처럼 부패는 사회의 존립 토대를 갉아먹으며 발전의 걸림돌이 된다.

현재와 같이 전 세계가 연결된 세상에서는 청렴함 그 자체가 경쟁력이 된다. 우리가 어떤 금융기관에 돈을 맡기거나, 사업에 투자한다고 가정해보자. 정보가 투명하게 공개되고 원칙에 따라 운영되며 편법과 탈법을 감시하는 체계가 잘된 갖춰진 기업이나 나라를 선택하는 것은 자명한 이치다. 청렴은 신뢰를 일으키고 이를 바탕으로 돈과 사람이 모인다. 그래서 우리는 신뢰를 사회적 자본이라 말하는 것이다.

대한민국이 더욱 부강해지기 위해서는 청렴도를 더 높여야 한다. 부정부패 없는 깨끗한 나라가 되어야 한다. 이것을 위해서 감사 기능은 더욱 확대 발전되어야 한다.

깨끗한 대한민국을 위한 감사의 역할

나는 한국감사협회장 직분을 맡으면서 몇 가지 중요한 약속을 했다. 그 첫째가 "부패인식지수 세계 20위권 진입을 위해 주체적 노력을 경주하겠다"는 것이다.

현재 부패인식지수 세계 20위권을 목표로 한 국가적 차원의 노력이 진행되고 있다. 그런데 공공기관들이 평가 점수 획득에 집중하면서 부패 발생 구조를 파악하는 데 한계가 노출되었다. 이에 따라 제도적 취약점을 발견할 수 있는 틀이 필요해졌다. 한국감사협회는 협회가 주도하는 반부패 점검 지수를 개발하여 공공기관뿐만 아니라 민간까지 확대 시행함으로써 한국이 부패인식지수 세계 20위권에 진입하는 데 주도적인 역할을 하고자 한다.

각종 비위로부터 사회를 보호하는 역할을 맡은 감사인의 역량 강화도 중요한 과제이다. 나는 협회 차원에서 교육 인프라 구축이 필요하다고 생각한다. 상임감사와 감사인에 대한 직무 능력 표준을 제공하고 업무 향상을 지원하기 위해 감사인 직무 전문성 향상을 위한 교육연수원 설립을 추진하고 있다.

그리고 국제 공인 내부감사 전문 자격증인 '국제공인내부감사사(CIA)'의 기관 내 도입 확대를 위해 노력하고 있다. 특별히 '준 국제공인내부감사사(semi CIA)' 자격 제도의 신설을 IIA Korea 회장 자격으로 IIA Global에 제안하여, 2021년부터 '국제공인내부감사실무사(IAP)' 자격 제도가 신설 운영되고 있다.

이렇게 제안한 것은, 기존 CIA 자격시험이 난이도가 상당하고 범위도 넓어 우리나라처럼 순환 보직으로 감사역을 맡는 경우 실무적 역량을 갖추고 즉시 현장에 적용하기에는 적정하지 않다는 판단에서였다. 전문화된 조직이 아니고 순환 보직에 의한 감사인이라면, 내부감사에 관한 기본이 되는 지식과 역량 정도를 평가하는 국제공인내부감사실무사(IAP) 자격 취득만으로 충분히 업무 전문성을 확보할 길이 열린 것이다.

최근에는 IIA Global(세계내부감사인협회)에 자국어로 시험을 치를 수 있도록 해달라고 요청하여 IIA Korea(한국감사협회)가 최초로 자국어 시험 시행을 승인받아 2022년 1월부터 한글 버전 국제

공인내부감사실무사(IAP) 자격시험을 시행하기 위해 준비 중이다.

이와 함께 건강한 감사 기능이 사회 전체에 스며들게 하는 방안을 다각도로 고민하고 있다. 특별히 2020년 6월 26일 협회 정기총회에서 '사회적 가치 실천을 위한 선언문'을 채택했다. 이 선언은 회원사의 사회적 책임 이행을 강화함과 동시에 협력 회사의 사회적 책임 이행을 제도화하는 내용을 담았으며, 공익적 사회단체들의 운영 투명성을 지원하는 데 한국감사협회와 협회 회원사가 함께 노력할 것을 결의하고 있다.

공익적 사회단체들은 감사 기능이 조직의 투명성을 강화하고 건강함을 높이는 데 기여한다는 사실은 알고 있지만, 비용 문제나 활동의 제약을 이유로 꺼리는 경향이 있다. 그래서 규모가 작은 조직이나 사회단체 등으로 확산하지 못했던 것이 사실이다. 그런데 감사 기능 부재는 나중에 그 조직에 대한 커다란 불신을 초래하는 데까지 이르기도 한다.

감사 기능이 활동을 억압하는 것이 아니라, 분명한 기준과 지침을 세워주고 조직의 투명성과 정당성을 보증함으로써 창의적 발전에 긍정적 역할을 한다는 사회적 인식을 만들어내고, 감사 기능을 도입하고자 하는 조직을 도와줌으로써 구체적인 역할을 하고자 한다.

정부, 공기업·공공기관, 지방자치단체 등 공적 영역을 넘어서 민간기업과 사회단체 그리고 작은 모임에 이르기까지 투명성을 높이고 청렴에 이르고자 하는 구체적인 노력이 모여서 더 깨끗한 대한민국, 더 강한 대한민국으로 도약할 것임을 믿어 의심치 않는다.

감사의 미래

1판 1쇄 인쇄 2021년 6월 14일
1판 1쇄 발행 2021년 6월 21일

지은이 문태룡

펴낸이 최준석
펴낸곳 푸른나무출판(주)
주소 경기도 고양시 일산서구 강선로 49. 404호
전화 031-927-9279 팩스 02-2179-8103
출판신고번호 제2019-000061호 신고일자 2004년 4월 21일

ISBN 978-89-92008-88-4 03320